しくみと動きをビジュアル解説

筋トレのための
人体解剖図

監修 石井直方 東京大学教授
　　　　　　　　理学博士
　　　肥田岳彦 豊橋創造大学教授
　　　　　　　　医学博士

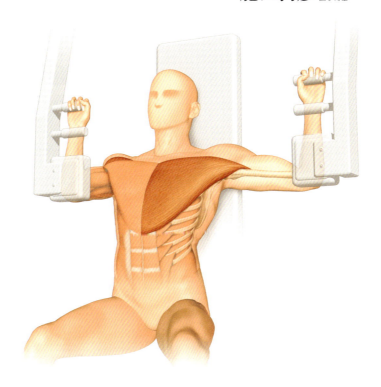

成美堂出版

トレーニングをされるすべての方へ

　筋力トレーニングは、スポーツ競技力を高めるばかりでなく、一般人の健康づくりにおいても重要です。筋肉は、日常生活動作を含むあらゆる身体運動の原動機（エンジン）として働いています。したがって、筋肉の機能が低下すると、日常的な活動量の減少、循環・代謝機能の低下、肥満、糖尿病などの生活習慣病につながります。高齢期では、筋肉の量の減少と筋力低下（サルコペニア）が、虚弱（フレイル）や転倒につながり、健康寿命を縮めます。

　スポーツ選手を対象とする場合でも、高齢者の筋肉づくりが目的の場合でも、筋力トレーニングの方法は基本的に同じです。ただし、対象となる方の現状に応じ、最適の種目、無理のない負荷の強さ、運動の量などを選ぶ必要があります。さらに、関節の構造に対して無理がなく、かつ筋肉に対して効果のある動きで行わなければなりません。そのためには、体の中の筋肉と関節の特性や、基本的なトレーニング法についての最小限の知識が必要になるでしょう。

　本書はこのような理由から、一般の方々を含む広い読者層を想定し、筋肉の基本的な機能解剖学とトレーニング方法について図解したものです。特に、さまざまなトレーニング種目での筋肉の使われ方をなるべくシンプルに示すように努めました。トレーニングをすでに実践されている方には、「基本を見直す」という視点で参考にしていただければ幸いです。

石井 直方

医療・スポーツ関係者の方へ

　「健康上の問題で日常生活が制限されることなく生活ができる期間」と定義されている健康寿命。平均寿命ではなく健康寿命というものを知ることによって、私たちは日々歩き、走り、各種のスポーツを行って健全な身体を獲得しようとしているのが現状です。

　本書は、医療系並びにスポーツ科学を学ぶ学生が、教科書を通して人体解剖学を学ぶ上で副読本の役割を果たせるように編集されています。人体の筋肉領域について必要十分な内容を、わかりやすい正確なイラストを用いて説明していますので、人体の筋肉の役割の知識をさらに深めていくことができるでしょう。

　同時に、医療系に関わらない一般社会人やスポーツに関心を持つ学生にも気軽に読んでいただけることも目指しています。歩いたり、飛んだり、跳ねたり、身体を動かすなどあらゆる動作をするとき、筋肉は働いています。また、「筋肉痛」、「肉離れ」、「筋力の低下」、「筋炎」、「こむら返り」などの症状や疾患名など、筋肉に関わる用語が日常生活の中に浸透しています。意識する、しないに関わらず、筋肉は生活に密接に関係しているのです。運動をするとき、筋肉の名前や作用機序を知りたいと思うときなどに、本書を参考にされると新しい発見があるかもしれません。

　医療系専門職を目指す学生には解剖学の参考書として、医療系従事者およびスポーツトレーナーの方には手元に置ける事典として、一般の方には教養のレベルアップに役立つ一冊として、本書を大いに活用していただければ幸いです。

肥田　岳彦

本書の見方

　本書は、精密なイラストと図版を用いて、主な筋力トレーニングとそのトレーニングによって鍛えられる筋肉を、解剖学の側面からも理解できるような構成となっています。

　第1章の「筋肉の構造としくみ」では、筋肉の基礎知識をまとめています。筋肉が動くしくみや筋肉の構造のほか、関節の運動と主動作筋など、筋トレを始める前に知っておくと役立つ情報を掲載しています。第2章以降は、実際のトレーニング中の筋肉の動きと、そのトレーニングで鍛える主な筋肉を掲載しています。「体幹」「肩・上肢」「胸部」「腹部」「背部」「下肢」と肢体別になっていますので、自分の気になる箇所からみていくのもよいでしょう。

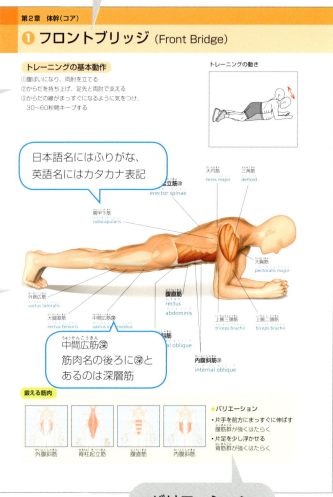

トレーニングのページ

トレーニング名

トレーニングの基本動作
トレーニングの一連の動きを掲載しています。

精密なトレーニングイラスト
トレーニング中の筋肉の様子が理解できる精密なイラストです。

バリエーション
効果的なトレーニングのバリエーションを紹介しています。

第8章では、実際のスポーツの動きと、その動きをするときにどの筋肉が使われているかを紹介しています。

最後に、付録として目的別のトレーニングメニューを付けていますので、トレーニングをする際の参考にしてください。

本書は、スポーツ選手やスポーツトレーナー、筋力トレーニングを行っている方など、実際に筋力トレーニングにかかわっている方をはじめ、理学療法士、作業療法士などの医療系従事者の方にも幅広く読んでいただけるような内容となっています。

鍛える筋肉名

鍛える筋肉のページ

第2章 体幹(コア)　鍛える筋肉

腹直筋 (rectus abdominis)

● **腹直筋の特徴**
腹部中央の表層を走る2本の筋。一般に3つ(4つのこともある)の中間腱(腱画)を持つ多腹筋である。それぞれが腹直筋鞘に包まれており、左右の筋の正中部分は白線と呼ばれる。両側に外・内腹斜筋と腹横筋が続く。

停 第5～7肋軟骨、胸骨剣状突起

肋骨
rib

白線
linea alba

腱画
tendinous intersection

起 恥骨結合の前面と恥骨上縁

● **主な作用**
体幹を前屈する。骨盤を後傾させる。腹圧を高める。呼気を助ける。

● **支配神経**
肋間神経(T7～T12)

腹直筋を使う運動動作
あらゆる動作で体幹を支える。走り幅跳びで下肢を前方に振り出す。

腹直筋を使う日常動作
仰臥位から上体を起こす。排便時などにいきむ。腹式呼吸の呼気。

起始・停止

すべての筋肉について
起始と停止を
掲載しています。

運動動作・日常動作

運動と日常のそれぞれの
動作を説明しています。

もくじ

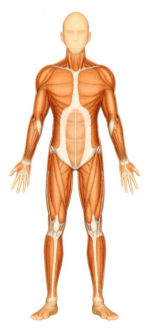

本書の見方 ……………………………………………………… 4

第1章　筋肉の構造としくみ …………………………… 11
主な筋肉の名称 …………………………………………………… 12
筋肉が動くしくみ ………………………………………………… 14
筋肉の構造 ………………………………………………………… 18
筋の形態と補助装置 ……………………………………………… 22
解剖学における位置・方向を表す用語 ………………………… 26
関節の運動と主動作筋 …………………………………………… 28

第2章　体幹（コア） ………………………………………… 35
体幹の主な筋肉と断面 …………………………………………… 36
①フロントブリッジ ……………………………………………… 38
②サイドブリッジ ………………………………………………… 39

鍛える筋肉
腹直筋 ……………………………………………………………… 40
外腹斜筋 …………………………………………………………… 41
脊柱起立筋 ………………………………………………………… 42
　腸肋筋 …………………………………………………………… 43
　棘筋 ……………………………………………………………… 43
　最長筋 …………………………………………………………… 43
内腹斜筋 …………………………………………………………… 44

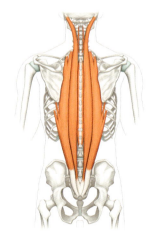

第3章　肩・上肢　　45

肩・上肢の主な筋肉と断面 46
①バーベルアームカール 50
②バックショルダープレス 51
③ライイング・トライセプスエクステンション 52
④フロントレイズ 53
⑤サイドレイズ 54
⑥ベントオーバーサイドレイズ 55
⑦ショルダーシュラッグ 56
⑧スタンディング・トライセプスエクステンション 57
⑨トライセプスエクステンションキックバック 58
⑩インターナル・ローテーション 59
⑪エクスターナル・ローテーション 60

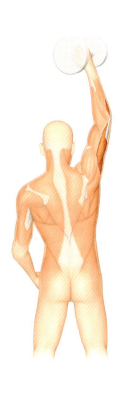

鍛える筋肉

上腕二頭筋 61
上腕筋 62
腕橈骨筋 63
上腕三頭筋 64
上腕三頭筋外側頭 65
肘筋 66
三角筋 67
三角筋鎖骨部 68
三角筋肩甲棘部 69
三角筋肩峰部（中央部） 70
僧帽筋下行部（上部） 71
肩甲下筋 72
棘上筋 73
棘下筋 74
小円筋 75
コラム　筋肉の構造には個人差がある 76

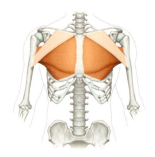

第4章　胸部 … 77

　胸部の主な筋肉と断面 … 78
　①ベンチプレス … 79
　②プッシュアップ … 80
　③ダンベルフライ … 81
　④ペックデックフライ … 82
　⑤インクライン・ダンベルフライ … 83
　⑥ケーブルクロスオーバー … 84

　鍛える筋肉
　大胸筋 … 85
　大胸筋鎖骨部 … 86
　大胸筋胸肋部・腹部 … 87
　コラム　大胸筋の筋トレでは前鋸筋も鍛えられる … 88

第5章　腹部 … 89

　腹部の主な筋肉と断面 … 90
　①クランチ … 92
　②シットアップ … 93
　③シーテッド・トランクツイスト … 94
　④サイドベンド … 95
　⑤インクライン・レッグレイズ … 96
　⑥ニートゥーチェスト … 97

　鍛える筋肉
　腹直筋下部 … 98
　大腰筋 … 99
　腸骨筋 … 100
　腰方形筋 … 101
　コラム　注目されはじめた腸腰筋 … 102

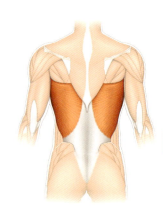

第6章　背部 … 103

　背部の主な筋肉と断面 … 104
　①デッドリフト … 105
　②チンニング … 106
　③ベントオーバーロー … 107
　④バックエクステンション・スパインストレートスタイル … 108
　⑤フロアープーリーロー … 109

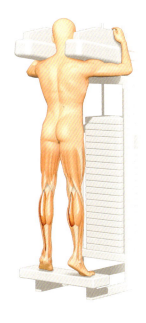

鍛える筋肉
広背筋 ……………………………………………… 110
僧帽筋 ……………………………………………… 111
僧帽筋水平部（中部） …………………………… 112
僧帽筋上行部（下部） …………………………… 113
コラム　アスリートは感染に強いのか ………… 114

第7章　下肢　115

下肢の主な筋肉と断面 …………………………… 116
①スクワット ……………………………………… 119
②スプリットスクワット ………………………… 120
③フォワードランジ ……………………………… 121
④レッグプレス …………………………………… 122
⑤トーレイズ ……………………………………… 123
⑥ニーアップ ……………………………………… 124
⑦バックキック …………………………………… 125
⑧アダクション …………………………………… 126
⑨レッグエクステンション ……………………… 127
⑩ライイング・レッグカール …………………… 128
⑪カーフレイズ …………………………………… 129

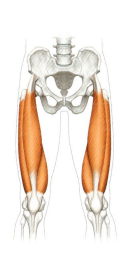

鍛える筋肉
大殿筋 ……………………………………………… 130
中殿筋 ……………………………………………… 131
大腿四頭筋 ………………………………………… 132
　　大腿直筋 ……………………………………… 133
　　中間広筋 ……………………………………… 133
　　外側広筋 ……………………………………… 133
　　内側広筋 ……………………………………… 133
ハムストリングス ………………………………… 134
　　大腿二頭筋 …………………………………… 135
　　半腱様筋 ……………………………………… 135
　　半膜様筋 ……………………………………… 135
内転筋群 …………………………………………… 136
　　長内転筋 ……………………………………… 137
　　短内転筋 ……………………………………… 137
　　大内転筋 ……………………………………… 137

　　　前脛骨筋 ……………………………………………………… 138
　　　腓腹筋 ………………………………………………………… 139
　　　ヒラメ筋 ……………………………………………………… 140

第8章　スポーツ中の筋肉の動き　141

　　　野球　―ボールを投げる― ………………………………… 142
　　　野球　―ボールを打つ― …………………………………… 143
　　　サッカー　―ボールを蹴る― ……………………………… 144
　　　バスケットボール　―ジャンプする― …………………… 146
　　　バレーボール　―スパイクする― ………………………… 147
　　　ゴルフ　―スイングする― ………………………………… 148
　　　テニス　―ラケットをふる― ……………………………… 150
　　　卓球　―ラケットをふる― ………………………………… 151
　　　水泳　―クロール― ………………………………………… 152
　　　水泳　―平泳ぎ― …………………………………………… 153
　　　ラン　―短距離走― ………………………………………… 154
　　　ラン　―マラソン― ………………………………………… 155
　　　スケート　―スピードスケート― ………………………… 156
　　　スキー　―滑る― …………………………………………… 157
　　　コラム　大腿部の筋トレで膝関節を守る ………………… 158

付録　目的別トレーニングメニュー　159

　　　トレーニングを始める前に ………………………………… 160
　　　本格的に筋肉を鍛えたい人向け …………………………… 162
　　　体力増進目的の人向け ……………………………………… 164
　　　ダイエットを目指す女性向け ……………………………… 166
　　　高齢者向け …………………………………………………… 168

　　　索引 …………………………………………………………… 170

第1章

筋肉の構造としくみ

第1章　筋肉の構造としくみ

主な筋肉の名称（前）

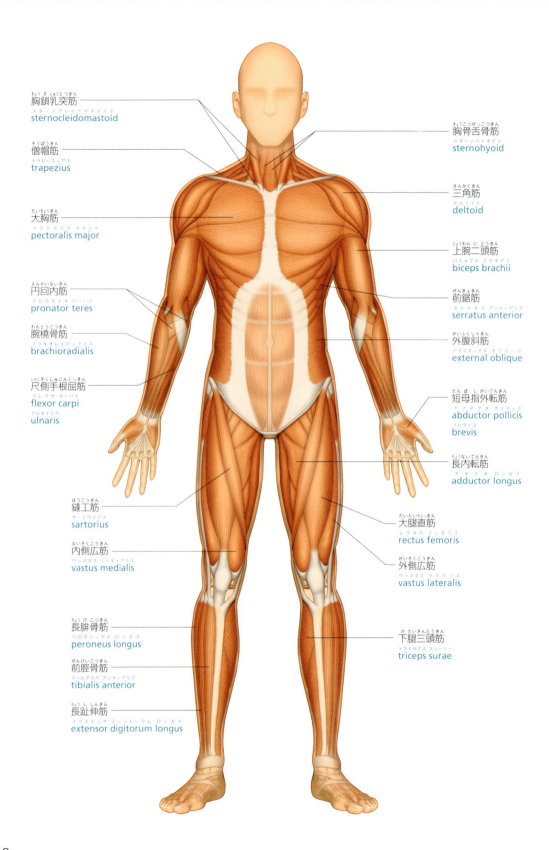

主な筋肉の名称（後）

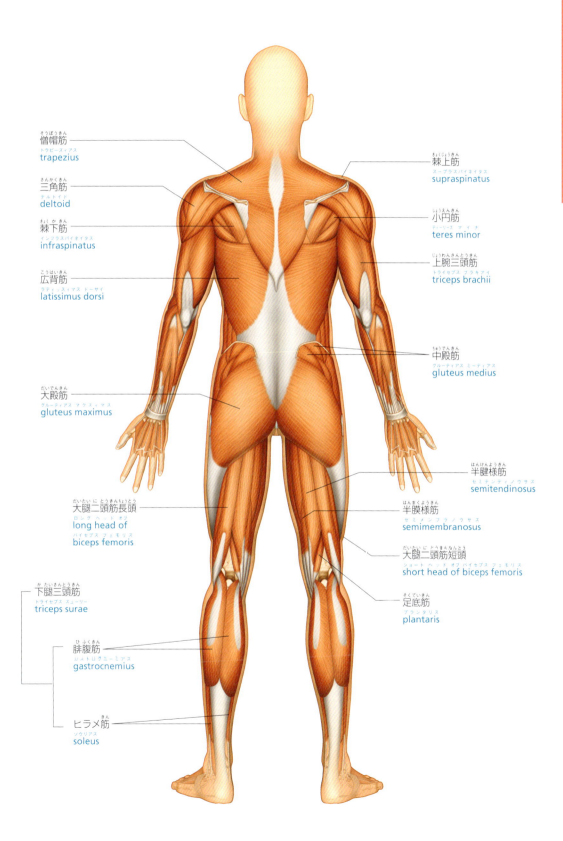

第1章 筋肉の構造としくみ

13

第1章 筋肉の構造としくみ

筋肉が動くしくみ

筋肉は収縮・弛緩することにより、関節を動かし、体勢を保持する。筋肉の収縮には、動きのある収縮（等張性収縮）や等速性収縮などと動きのない収縮（等尺性収縮）がある。

● 筋肉と関節の動き

　筋肉（骨格筋）は線維状の細胞（筋線維）からなり、筋線維は収縮する性質がある。筋肉の収縮とその収縮の弛緩が、からだの動きや体勢保持を生み出す。

　筋肉は1つ以上の関節をまたいで骨に付着しており、筋肉の収縮・弛緩によって関節が屈曲・伸展し、姿勢が保持できる。たとえば、肘関節を屈曲するときは、曲がる側の上腕二頭筋は収縮し、その反対の伸びる側の上腕三頭筋は弛緩する。肘関節を伸展するときは、伸びる側の上腕三頭筋が収縮し、曲がる側の上腕二頭筋が弛緩する。この曲がる側と伸びる側の筋肉の関係を、拮抗筋（対抗筋）という。

＜肘関節の場合＞

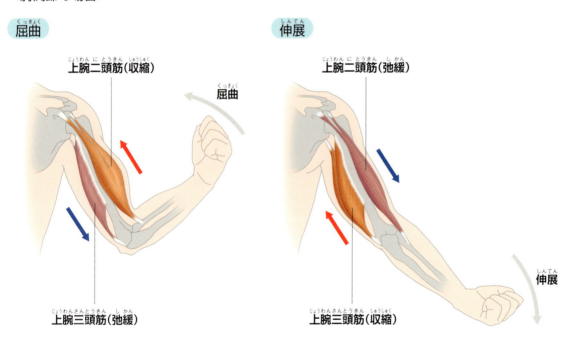

●起始と停止

からだを動かすための筋肉（骨格筋）は、原則的には両端が骨に付着している。通常、からだの中心部に近い側、動きの少ない側の付着部が「起始」で、その周辺を筋頭という。末端側の付着部の動きの大きい側が「停止」で、その周辺を筋尾という。筋肉の中央部は筋腹と呼ぶ。

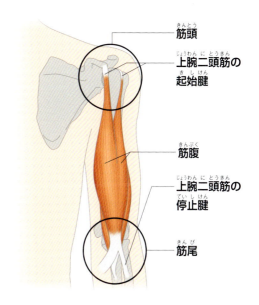

●二関節筋（biarticular muscle）

筋肉は原則的に、2つの骨に起始と停止で付着し、1つの関節に作用している（単関節筋）。しかし、起始と停止が2つの関節をまたいで骨に付着し、2つの関節に作用している筋肉もある。それを二関節筋という。上肢の主な二関節筋に上腕二頭筋長頭、上腕三頭筋長頭などがあり、下肢には大腿直筋やハムストリングス（大腿二頭筋、半膜様筋、半腱様筋）、腓腹筋などがある。

二関節筋は、一方の関節の屈曲と、もう一方の関節の伸展に関わる。たとえば、大腿直筋は収縮して膝関節を伸展させるが、同時に弛緩して股関節を屈曲させる作用もある。

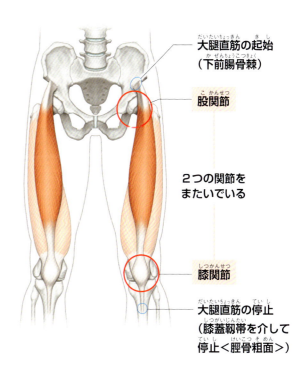

第1章　筋肉の構造としくみ

●等張性（アイソトニック）収縮と等尺性（アイソメトリック）収縮

　筋肉の収縮は、大きく等張性（アイソトニック）収縮と、等尺性（アイソメトリック）収縮にわけられる。

	等張性（アイソトニック）収縮	等尺性（アイソメトリック）収縮
特徴	筋線維の長さが変化する収縮で、物を持ち上げるときなどに一定の張力がはたらく。関節が屈曲・伸展するときは、筋肉にこの収縮がおこる。	筋線維の長さは変化せず、関節の動きもなく力がはたらく。筋肉が収縮し、関節は固定される。
動きの例　求心性（コンセントリック）収縮	収縮しながら力を出す。ダンベルを持って肘関節を屈曲するときの上腕二頭筋。 動き	収縮はするが、筋肉は短縮せず、力を出す。 ・力こぶをつくるときの上腕二頭筋 （上腕二頭筋と上腕三頭筋が共に収縮し、一定の関節角度を維持する）
動きの例　遠心性（エキセントリック）収縮	力を出しながら伸張される。ダンベルを持ち屈曲した肘関節を、ゆっくり伸展するときの上腕二頭筋。求心性収縮より発揮可能な力は強いので、戻すときの方が楽に感じる。 動き	・両手を胸の前で合わせ、押し合うときの大胸筋

●脳とからだをつなぐ脊髄神経

脊髄神経は、脳と頭部以外のからだに情報を相互に伝える役割をはたす。

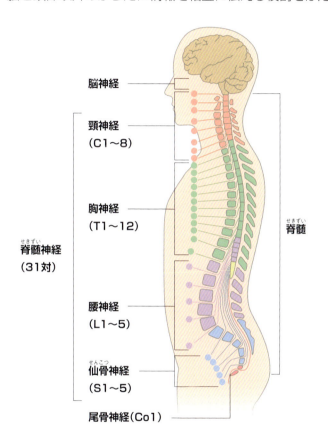

脳神経

頸神経（C1～8）

胸神経（T1～12）

脊髄神経（31対）

腰神経（L1～5）

仙骨神経（S1～5）

尾骨神経（Co1）

脊髄

＜神経伝達のしくみ＞

膝蓋腱をたたくと、膝の固有受容器である筋紡錘が伸展される。すると感覚神経細胞の興奮→感覚神経線維→脊髄→膝の伸筋を収縮させる運動神経細胞を刺激→運動神経線維→筋線維に刺激が伝達されて、膝が伸展される。脊髄神経には中枢に向かう感覚神経線維（右図—で示している）と、骨格筋などの末梢に向かう運動神経線維（右図—で示している）がある。

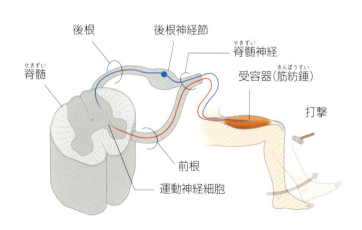

後根　後根神経節　脊髄神経　受容器（筋紡錘）　打撃　前根　運動神経細胞　脊髄

赤：運動神経線維
青：感覚神経線維

第1章　筋肉の構造としくみ

筋肉の構造

からだを動かすときに使う筋肉を骨格筋という。骨格筋の細胞である筋線維は、性質の違いにより、遅筋、速筋、中間筋に分類される。

●筋組織の種類

　筋組織には、骨格筋、心筋、平滑筋の3種類がある。通常、「筋肉」という場合は、骨格筋のことをいう。

＜骨格筋＞

　骨格筋は、からだを動かす筋肉である。筋線維の中に縞模様（横紋）があり、横紋筋とも呼ばれる。また、自分の意思で動かすことができる随意筋でもある。

＜心筋＞

　心筋は、心臓壁をつくる筋肉である。骨格筋とは異なり、小さな細胞からなる横紋筋であり、自分の意思では動かすことができない不随意筋である。

＜平滑筋＞

　平滑筋は、内臓や血管壁をつくる筋肉である。縞模様がなく、自分の意思では動かすことができない不随意筋である。

骨格筋		心筋		平滑筋	
横紋筋	随意筋	横紋筋	不随意筋	横紋なし	不随意筋

●骨格筋の筋組織の基本構造

骨格筋を表層部から内部へと見ていくと、筋上膜（筋膜）におおわれ、その内部には筋周膜におおわれた筋線維束がある。筋線維束は、直径10〜100μm、長さ10cmにもなる円柱状の細胞である筋線維（筋細胞）がたくさん束ねられたものである。個々の筋線維は筋内膜でおおわれ、さらに細胞膜で囲まれた内部には筋原線維がつまっている。直径1μmの筋原線維は、アクチンフィラメントとミオシンフィラメントという線維が交互に正しく並んでできている。暗い部分をA帯、明るい部分をI帯といい、このため骨格筋は縞模様（横紋）に見える。

◇筋肉の収縮のメカニズム

脳から指令が発せられ、運動神経から筋細胞膜に伝えられた興奮は、筋線維（筋細胞）内のカルシウムイオン（Ca^{2+}）濃度を上昇させる。これによりアクチンフィラメントとミオシンフィラメントの結合が生じ、アクチンフィラメントはA帯の中央に向かって滑り込む。筋原線維はアクチンフィラメントとミオシンフィラメントの重なりが多くなり、短縮するので、筋全体も短縮する。

筋細胞膜の興奮が終息すると、筋線維（筋細胞）内のCa^{2+}は減少し、アクチンフィラメントとミオシンフィラメントが結合できなくなり筋肉は弛緩する。

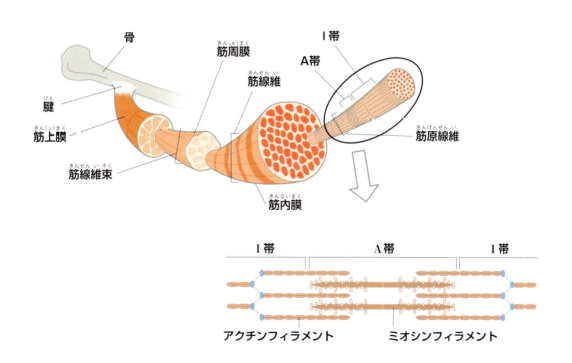

第1章　筋肉の構造としくみ

●筋線維の種類

　筋線維は、性質の違いから、遅筋(タイプⅠ)と速筋(タイプⅡa・タイプⅡb・タイプⅡx)に分類できる。速筋のタイプⅡaは速筋・中間型(中間筋)、タイプⅡbまたはⅡxは速筋・速筋型と呼ばれる。

＜遅筋(赤筋・タイプⅠ)＞

　遅筋は、エネルギーをつくりだすミトコンドリアや、酸素を運搬するミオグロビンを多量に含んでいる。これらは鉄を多く含むため赤く見え、赤筋ともいう。遅筋(赤筋)を魚の身の色にたとえると、海洋を常に回遊するマグロの赤身である。

　遅筋は、収縮速度は遅いが、酸素を利用しながら持続的な収縮ができる。マラソンや長距離の水泳などのトレーニングをすると、遅筋としての機能が向上する。

＜速筋(白筋・タイプⅡbまたはタイプⅡx)＞

　速筋は、ミトコンドリアやミオグロビンが少ないため、白っぽく見える。速筋(白筋)を魚の身の色にたとえると、近海に生息し、砂の中にすばやく身を隠すヒラメの白身である。

　速筋は、主にグリコーゲンとブドウ糖を使って筋力を発揮し、筋力が大きく速く収縮するが、持続力はない。短距離走や重量挙げなどのトレーニングをすると、速筋が肥大する。

＜中間筋(タイプⅡa)＞

　中間筋は、遅筋と速筋の両方の性質をもち、筋収縮速度が速く、持久力にも優れている。赤筋と白筋の中間のピンク色をしている。トレーニングで白筋が中間筋に移行することが知られている。

◇筋線維組成と能力

　筋線維における遅筋と速筋の割合を、筋線維組成という。その割合は、先天的に個人差があり、遅筋の割合が多い場合は持久力が必要な運動、速筋の割合が多い場合は瞬発力が必要な運動に向いているといえる。トレーニングで筋線維組成の割合を大きく変えることはできないが、筋力は筋肉が太くなればその機能を高めることはできる。

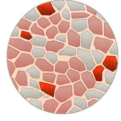

遅筋・タイプⅠが多い筋　　　速筋・タイプⅡbやⅡxが多い筋

遅筋
白筋
中間筋

●インナーマッスルとアウターマッスル

骨格筋は骨に付着し、何層にも重なっている。「インナーマッスル」は、からだの深層にある筋肉の総称、「アウターマッスル」は、からだの表層にある筋肉の総称である。

＜インナーマッスル＞

インナーマッスルは、体幹部、肩関節、股関節などの深層にある。インナーマッスルは関節を固定し、姿勢を保つはたらきがある。

◇インナーマッスルの例

体幹部	肩関節	股関節
腸肋筋、板状筋、最長筋 棘筋、多裂筋、回旋筋 半棘筋、横隔膜、腹横筋 腰方形筋、大腰筋、腸骨筋 骨盤底筋群	前鋸筋、小胸筋 肩甲挙筋、菱形筋 肩甲下筋、棘上筋、棘下筋 小円筋	腸腰筋、中殿筋、小殿筋 外旋筋群（内閉鎖筋、双子筋 大腿方形筋） 内転筋群（外閉鎖筋、恥骨筋 内転筋、薄筋）

＜アウターマッスル＞

アウターマッスルは、大胸筋、腹直筋、上腕二頭筋、上腕三頭筋、大腿四頭筋などの、からだを動かすときや、大きな力を出すときに使う筋肉である。一般的に、筋力トレーニングをするときには、アウターマッスルが鍛えられる。スポーツジムなどのマシンで、１つの筋肉に意識的に負荷を与え、肥大させることができる。

インナーマッスルとアウターマッスルはバランスが大切

インナーマッスルは、アウターマッスルの補助的な役割を持っており、からだをひねったり、手足を回転させたりするときの微調整を行っている。インナーマッスルを鍛えると、関節の柔軟性が高まり、微妙に変化させる関節の動きを正確にできるようになる。スポーツに必要なメインの筋力は大きなパワーを発揮するアウターマッスルで、その能力アップをはかり、障害を予防するのがインナーマッスルといえる。両方の筋肉をバランスよく鍛えることで、大きな効果が期待できる。

第1章　筋肉の構造としくみ

筋の形態と補助装置

骨格筋は、骨に付着する両端の腱と中央の筋腹からなる。筋肉の見た目の形態や筋線維の走行などによる分類、筋肉の動きを助ける補助装置を紹介する。

●筋の形態

　筋の形態による分類には、紡錘状筋、羽状筋、半羽状筋、多頭筋、多腹筋、鋸筋、板状筋、そのほか輪状、膜状などの筋がある。

紡錘状筋	羽状筋
中央部が太く両端が細い。筋線維の走行は平行 例：上腕二頭筋	筋の中心に腱があり、筋線維が中央の腱に向かって一定の角度で走行する 例：大腿直筋
半羽状筋	多腹筋
筋の片側に腱があり、筋線維が平行して停止する 例：外側広筋、内側広筋	筋の途中に腱（腱画）が複数あり、筋腹が複数にわかれている 例：腹直筋

多頭筋（二頭筋、三頭筋、四頭筋）

筋頭が複数にわかれている。二頭筋、三頭筋などの名称がつく

例：上腕二頭筋

鋸筋

付着（起始）が多数にわかれ、筋の形状がノコギリ状に見える

例：前鋸筋

板状筋

板状の筋腹の筋

例：頭板状筋、頸板状筋

●筋の付着部である腱

筋肉の起始・停止部は、腱であることが多い。腱には長く強い結合組織線維束や膜状のものがある。腱は基本的に「ヒモ」のような性質をもち、筋の収縮力を骨に伝える役割をはたす。一方、アキレス腱のような長い腱は「バネ」のような性質を示す。

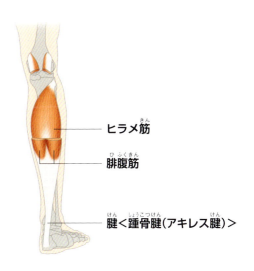

- ヒラメ筋
- 腓腹筋
- 腱＜踵骨腱（アキレス腱）＞

第1章　筋肉の構造としくみ

●筋の補助装置

　筋の補助装置は、筋肉の動きを円滑にし、筋肉や腱を骨などとの摩擦から守る役割をになう。筋膜、筋支帯、滑液包、種子骨、腱鞘、筋滑車などがある。

筋膜

筋や筋群の表面を包む結合組織性の膜で、筋の形状と位置を保持する。隣接筋との摩擦を最小限にする役割がある

筋膜

筋支帯

筋膜が肥厚したもの。手足の関節周辺にあり、腱を一定の位置に定め、浮き上がるのを防ぐ

筋支帯

滑液包

筋や腱が骨に接する部分にある、無色透明の滑液を含んだ小さな袋。骨との摩擦を軽減する

滑液包

種子骨

腱の内部にあり、腱と骨の摩擦から腱を保護する役割がある。膝蓋骨は、人体中で一番大きな種子骨である

大腿四頭筋

大腿骨

種子骨（膝蓋骨）

腱鞘

滑液包が腱を取り巻き、腱を保護する。筋支帯の下を腱が大きく移動する部分に発達する。手掌面の屈筋に見られる

骨
腱
滑液包
腱鞘

筋滑車

骨の隆起やループ状の靱帯で、腱や筋肉の走行を変える役割がある。腓骨筋腱滑車などがそれにあたる

筋

滑車

●人体の3つの基準面と主要軸

人体の基準面は、矢状面、冠状面（前頭面）、水平面で示す。主要軸は、縦軸（垂直軸）、矢状軸、横軸（水平軸）で示す。

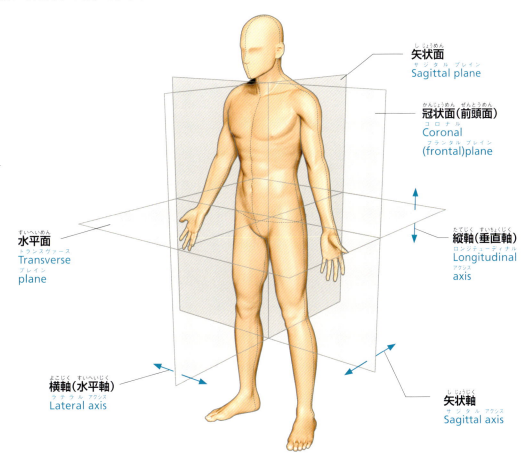

矢状面
Sagittal plane

冠状面（前頭面）
Coronal (frontal)plane

水平面
Transverse plane

縦軸（垂直軸）
Longitudinal axis

横軸（水平軸）
Lateral axis

矢状軸
Sagittal axis

＜基準面＞
矢状面：正面から飛んでくる矢の方向を意味し、人体を前後方向に通る垂直面を示す。人体を左右対称にわける矢状面を正中面という。
冠状面（前頭面）：前頭部と平行の方向を意味し、人体を横方向に通る垂直面を示す。人体を前後にわける。冠状面ともいう。
水平面：地面に平行な面で、人体を上下にわける。

＜主要軸＞
縦軸（垂直軸）：地面に垂直な軸で、前頭面（前額面）と矢状面の交わる位置にある。
矢状軸：人体の前後方向の軸で、矢状面と水平面の交わる位置にある。
横軸（水平軸）：人体の左右方向の軸で、前頭面（前額面）と水平面の交わる位置にある。

第1章 筋肉の構造としくみ

解剖学における位置・方向を表す用語

解剖学では、人体を3つの基準面と主要軸を使用して、その位置や方向を示す。これらは互いに直交し、三次元の座標に基づく。

●解剖学的姿勢

人体が前を向いて立ち、手を回外した状態（手のひらが前面で、親指が外側、小指が内側にある）を解剖学的姿勢という。左右は、人体からの左右で示す。

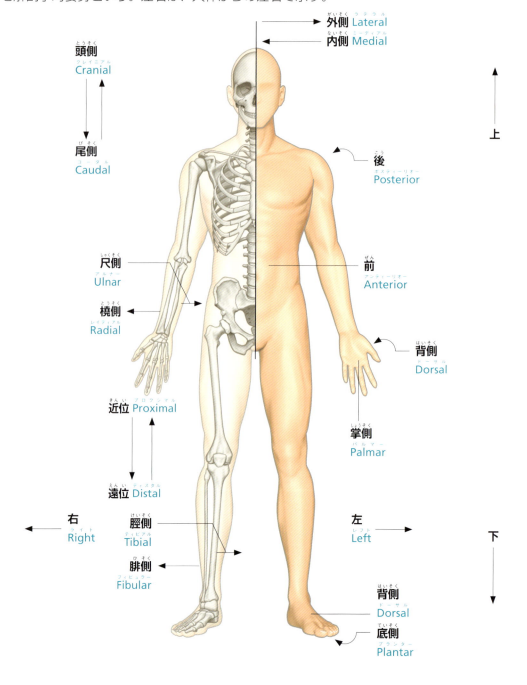

●位置と方向を表す用語

上	位置が高い、地面から遠い方
下	位置が低い、地面に近い方
前（ぜん）	前部に属する、進行方向に向かう方
後（こう）	後部に属する、進行方向と逆に向かう方
浅（せん）	表面に近い方
深（しん）	表面から遠く奥の方
内（ない）	中心に近い方、内側（ないそく）
外（がい）	中心から遠い方、外側（がいそく）
内側（ないそく）	正中面（せいちゅうめん）に近い方
外側（がいそく）	正中面（せいちゅうめん）から遠い方
頭側（とうそく）	頭部に属する、頭部に近い
尾側（びそく）	尾部に属する、尾部に近い
近位（きんい）	体幹（たいかん）に近い、中心に近い方
遠位（えんい）	体幹（たいかん）から遠い、中心から遠い方
橈側（とうそく）	橈骨（とうこつ）に属する、前腕の外側（がいそく）、親指に近い方
尺側（しゃくそく）	尺骨（しゃっこつ）に属する、前腕の内側（ないそく）、小指に近い方
脛側（けいそく）	脛骨（けいこつ）に属する、下腿（かたい）の内側（ないそく）
腓側（ひそく）	腓骨（ひこつ）に属する、下腿（かたい）の外側（がいそく）
掌側（しょうそく）	手掌（しゅしょう）に属する、手掌（しゅしょう）に向かう方
背側（はいそく）（手・足）	手背（しゅはい）に属する、手背（しゅはい）に向かう方／足背（そくはい）に属する、足背（そくはい）に向かう方
底側（ていそく）	足底（そくてい）に属する

第1章　筋肉の構造としくみ

関節の運動と主動作筋

関節は、筋肉の収縮により、決まった動きができる。その動きをするのに主に使われる筋肉を、主動作筋という。また、主動作筋を助けるはたらきをする筋肉を協力筋という。

●頸部（けいぶ）

伸展・屈曲	回旋	側屈
伸展：頸板状筋、頭板状筋 屈曲：胸鎖乳突筋、前斜角筋	胸鎖乳突筋、頸板状筋、肩甲挙筋、頭板状筋	胸鎖乳突筋、前斜角筋、中斜角筋

●体幹（たいかん）

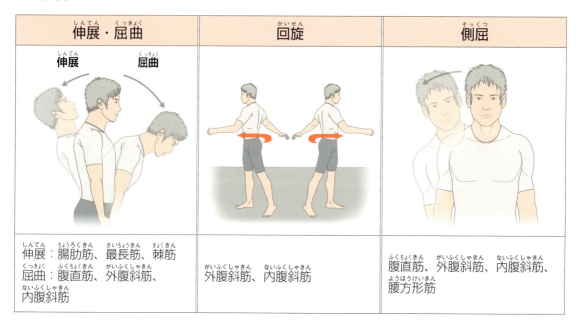

伸展・屈曲	回旋	側屈
伸展：腸肋筋、最長筋、棘筋 屈曲：腹直筋、外腹斜筋、内腹斜筋	外腹斜筋、内腹斜筋	腹直筋、外腹斜筋、内腹斜筋、腰方形筋

●上肢／肩甲骨

挙上・下制	外転・内転
挙上 下制	外転 内転
挙上：僧帽筋（上部）、肩甲挙筋 下制：僧帽筋（中部および下部）	外転：前鋸筋 内転：僧帽筋（中部）、大菱形筋

上方回旋・下方回旋	
上方回旋 下方回旋	
上方回旋：前鋸筋 下方回旋：大菱形筋	

●上肢／肩関節

伸展（後方挙上） 屈曲（前方挙上）	外転（側方挙上）
屈曲 伸展	
伸展：広背筋、三角筋（後部） 屈曲：三角筋（前部）、烏口腕筋	三角筋（中部）、棘上筋

第1章　筋肉の構造としくみ

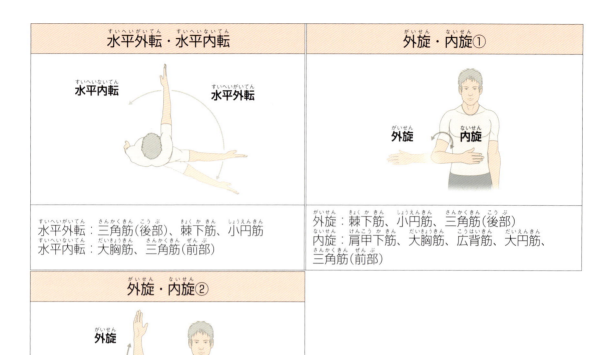

水平外転・水平内転
水平外転：三角筋（後部）、棘下筋、小円筋
水平内転：大胸筋、三角筋（前部）

外旋・内旋①
外旋：棘下筋、小円筋、三角筋（後部）
内旋：肩甲下筋、大胸筋、広背筋、大円筋、三角筋（前部）

外旋・内旋②
外旋：棘下筋、小円筋
内旋：肩甲下筋、大円筋

●上肢／肘関節

伸展・屈曲
伸展：上腕三頭筋
屈曲：上腕筋、上腕二頭筋、腕橈骨筋

●上肢／前腕

回外・回内
回外：回外筋、上腕二頭筋
回内：円回内筋、方形回内筋

●上肢／手関節

背屈・掌屈	橈屈・尺屈
背屈：長橈側手根伸筋、短橈側手根伸筋 掌屈：橈側手根屈筋、尺側手根屈筋	橈屈：長母指外転筋、短母指伸筋、長母指伸筋 尺屈：小指伸筋、尺側手根屈筋

●上肢／指

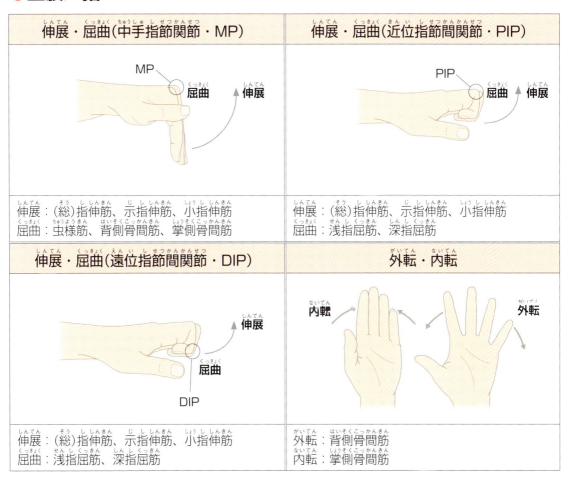

伸展・屈曲（中手指節関節・MP）	伸展・屈曲（近位指節間関節・PIP）
伸展：(総)指伸筋、示指伸筋、小指伸筋 屈曲：虫様筋、背側骨間筋、掌側骨間筋	伸展：(総)指伸筋、示指伸筋、小指伸筋 屈曲：浅指屈筋、深指屈筋

伸展・屈曲（遠位指節間関節・DIP）	外転・内転
伸展：(総)指伸筋、示指伸筋、小指伸筋 屈曲：浅指屈筋、深指屈筋	外転：背側骨間筋 内転：掌側骨間筋

第1章　筋肉の構造としくみ

●上肢／母指

橈側外転・尺側内転	掌側外転・掌側内転
橈側外転 **尺側内転**	**掌側外転** **掌側内転**
橈側外転：長母指外転筋、長母指伸筋 尺側内転：長母指内転筋	掌側外転：長母指外転筋、短母指外転筋 掌側内転：母指内転筋
伸展・屈曲（MP関節*1）	伸展・屈曲（IP関節*2）
伸展 **屈曲**	**伸展** **屈曲**
伸展：長母指伸筋、短母指伸筋 屈曲：短母指屈筋	伸展：長母指伸筋 屈曲：長母指屈筋
対立	復位
母指対立筋、小指対立筋	長母指外転筋、短母指外転筋 （総）指伸筋、示指伸筋

＊1　中手指節関節
＊2　指節間関節

●下肢／股関節

伸展・屈曲

伸展：大殿筋、大腿二頭筋、半腱様筋、半膜様筋
屈曲：腸腰筋、大腿直筋、縫工筋

外転・内転①

外転：中殿筋、大腿筋膜張筋
内転：大内転筋、長内転筋、恥骨筋

外転・内転②

外転：大腿筋膜張筋
内転：大内転筋、長内転筋、恥骨筋

外旋・内旋①

外旋：外閉鎖筋、内閉鎖筋、大腿方形筋
　　　梨状筋、双子筋
内旋：小殿筋、大腿筋膜張筋

外旋・内旋②

外旋：外閉鎖筋、内閉鎖筋、大腿方形筋
　　　梨状筋、双子筋
内旋：小殿筋、大腿筋膜張筋

第1章　筋肉の構造としくみ

●下肢／膝関節

伸展・屈曲

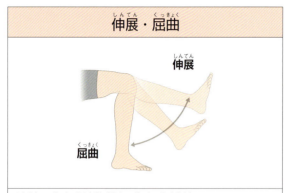

伸展：大腿筋膜張筋、大腿四頭筋
屈曲：半腱様筋、半膜様筋、大腿二頭筋

●下肢／足関節

背屈・底屈

背屈：前脛骨筋、第三腓骨筋
底屈：腓腹筋、ヒラメ筋

内がえし・外がえし

内がえし：後脛骨筋、前脛骨筋、長趾伸筋、長母趾伸筋
外がえし：長腓骨筋、短腓骨筋

第2章

体幹（コア）

第2章　体幹(コア)

体幹の主な筋肉と断面

　体幹とは、四肢を除いた胴体のことである。体幹の姿勢を支え、屈曲や伸展、捻転などの運動を行うのは、体幹の前面と側面をおおうようにつく広く平らな腹筋群と、後面の脊柱の両側につくたくさんの細長い筋からなる背筋群である。

●体幹の前面

　体幹の前面と側面は腹筋群におおわれている。腹部の中央には腹直筋(①)があり、両側腹部には表層から順に、外腹斜筋(②)、内腹斜筋(③)、腹横筋が層をなしている。腹部には肋骨のような骨がないため、これらの腹筋群が胸郭と骨盤をつなぎとめ体幹を支えている。腹直筋は体幹の屈曲を、その他の腹筋は体幹の屈曲や捻転、側屈を行う。また腹筋群は、腹腔の内臓を保護し、腹圧を高めて姿勢を維持するのにも役立っている。

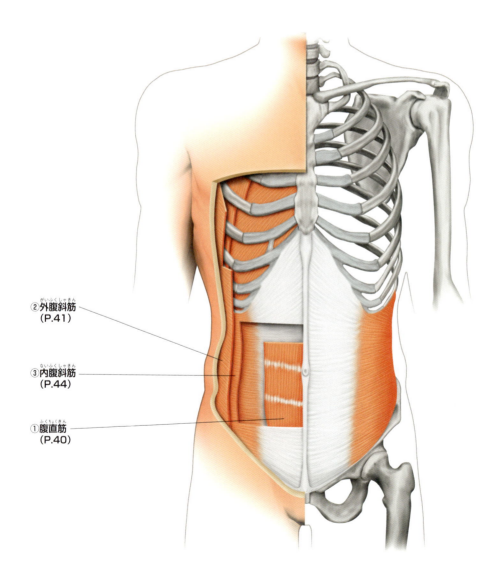

②外腹斜筋
(P.41)

③内腹斜筋
(P.44)

①腹直筋
(P.40)

●体幹の後面

体幹後面にある筋のうち体幹の支持や運動に関わる筋は、主に背部の最深層、脊柱の両側に位置するさまざまな長さの細長い筋群である。これらは起始、停止ともに体幹（一部は頭頸部）にあり、固有背筋と呼ばれる。固有背筋のうち、長い筋線維を持つ最長筋（④）、腸肋筋（⑤）、棘筋（⑥）はまとめて脊柱起立筋と呼ばれ、姿勢の維持に中心的役割を果たしている。固有背筋にはほかに、板状筋、半棘筋、多裂筋、回旋筋がある。

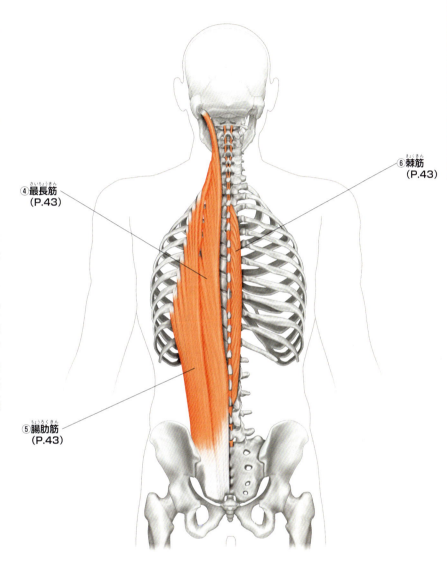

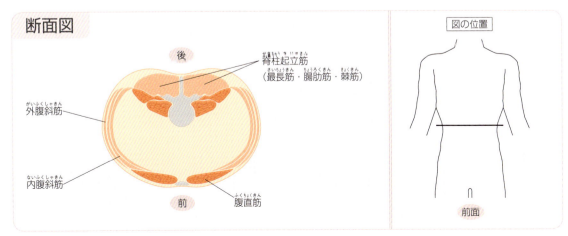

第2章　体幹（コア）

❶ フロントブリッジ（Front Bridge）

トレーニングの基本動作

①腹ばいになり、両肘を立てる
②からだを持ち上げ、足先と両肘で支える
③からだの線がまっすぐになるように気をつけ、
　30〜60秒間キープする

トレーニングの動き

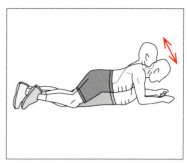

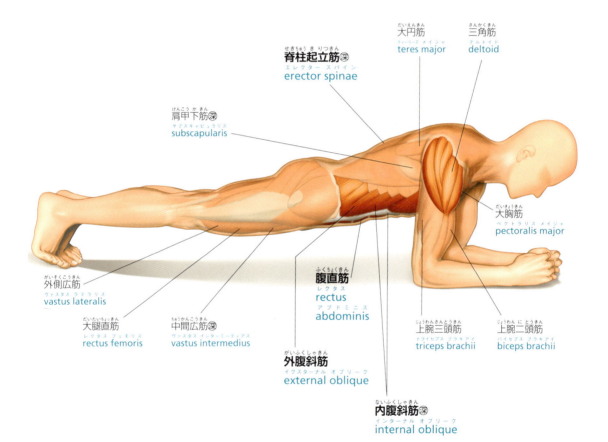

- 大円筋　teres major
- 三角筋　deltoid
- 脊柱起立筋（深）　erector spinae
- 肩甲下筋（深）　subscapularis
- 大胸筋　pectoralis major
- 外側広筋　vastus lateralis
- 大腿直筋　rectus femoris
- 中間広筋（深）　vastus intermedius
- 腹直筋　rectus abdominis
- 上腕三頭筋　triceps brachii
- 上腕二頭筋　biceps brachii
- 外腹斜筋　external oblique
- 内腹斜筋（深）　internal oblique

鍛える筋肉

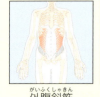
外腹斜筋

脊柱起立筋

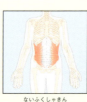
腹直筋

内腹斜筋

★**バリエーション**

・片手を前方にまっすぐに伸ばす
　腹筋群が強くはたらく
・片足を少し浮かせる
　背筋群が強くはたらく

38

❷ サイドブリッジ (Side Bridge)

トレーニングの基本動作

①横向きにねる
②下側の手を、上体に対して垂直にし、肘を立てる
③肘と足でからだを持ち上げる
④からだの線がまっすぐになるように気をつけ、
　20〜30秒キープする

トレーニングの動き

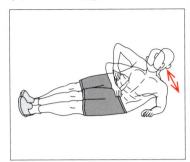

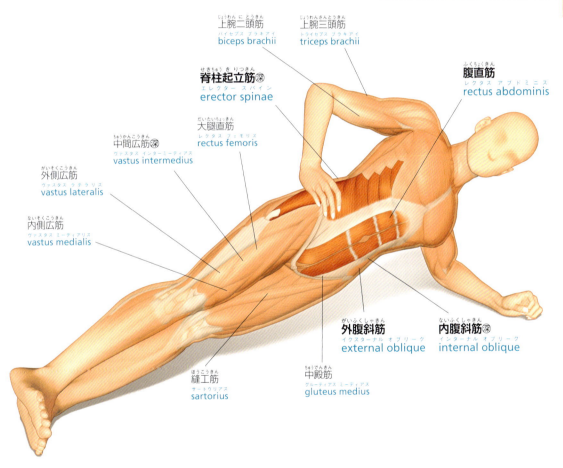

上腕二頭筋 biceps brachii
上腕三頭筋 triceps brachii
脊柱起立筋 (深) erector spinae
腹直筋 rectus abdominis
大腿直筋 rectus femoris
中間広筋 (深) vastus intermedius
外側広筋 vastus lateralis
内側広筋 vastus medialis
外腹斜筋 external oblique
内腹斜筋 (深) internal oblique
縫工筋 sartorius
中殿筋 gluteus medius

鍛える筋肉

外腹斜筋

脊柱起立筋

内腹斜筋

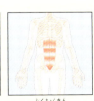
腹直筋

★ バリエーション

・上側の手をまっすぐ前に出す
　外腹斜筋が強くはたらく

・上側の足を開いて上方に浮かせる
　中殿筋が強くはたらく

第2章 体幹（コア）

39

第2章 体幹（コア）　鍛える筋肉

腹直筋 (rectus abdominis)

●腹直筋の特徴

腹部中央の表層を走る2本の筋。一般に3つ（4つのこともある）の中間腱（腱画）を持つ多腹筋である。それぞれが腹直筋鞘に包まれており、左右の筋の正中部分は白線と呼ばれる。両側に外・内腹斜筋と腹横筋が続く。

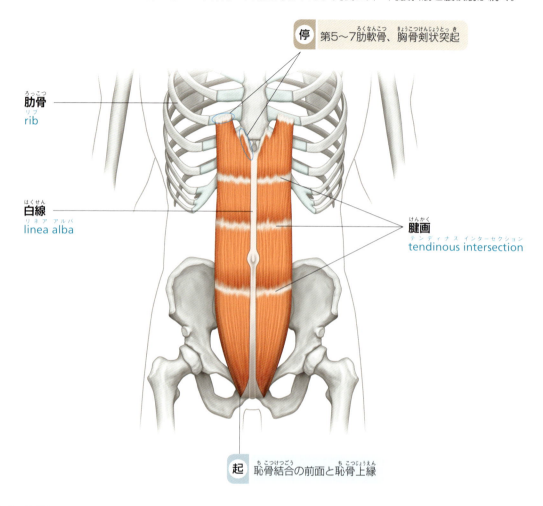

停　第5～7肋軟骨、胸骨剣状突起
肋骨 rib
白線 linea alba
腱画 tendinous intersection
起　恥骨結合の前面と恥骨上縁

●主な作用

体幹を前屈する。骨盤を後傾させる。腹圧を高める。呼気を助ける。

●支配神経

肋間神経(T7～T12)

腹直筋を使う運動動作
あらゆる動作で体幹を支える。走り幅跳びで下肢を前方に振り出す。

腹直筋を使う日常動作
仰臥位から上体を起こす。排便時などにいきむ。腹式呼吸の呼気。

外腹斜筋 (external oblique)

● 外腹斜筋の特徴
腹直筋の両側にある腹筋群のうちもっとも表側の筋。線維は上側方から下前方に走り側腹部をおおう。停止部の腱膜は腹直筋を包む腹直筋鞘(表側)になる。腱膜の下部の上前腸骨棘と恥骨を結ぶ部分を鼠径靱帯という。

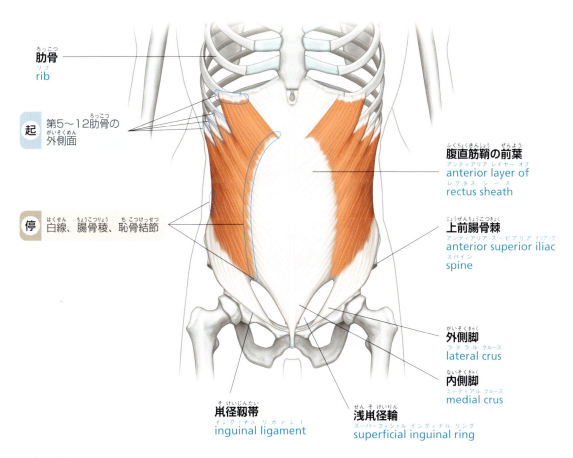

● 主な作用
両側：体幹を前屈する。腹圧を高める。片方：脊柱を側屈、回旋する。

● 支配神経
肋間神経(T7〜T12)

外腹斜筋を使う運動動作
バットを振る(右打者の場合右外腹斜筋が収縮)。砲丸を投げる。

外腹斜筋を使う日常動作
臥位から上体をまっすぐまたは斜めに起こす。排便のときにいきむ。

第2章 体幹(コア) 鍛える筋肉

脊柱起立筋 (erector spinae)

●脊柱起立筋の特徴
脊柱の両側につき、立位の姿勢の維持や体幹の運動に関わる筋の、腸肋筋、最長筋、棘筋の総称。頭骨と頸椎、上下の肋骨、肋骨と脊椎や腸骨、上下の脊椎などをつなぐ、さまざまな長さの筋の集まりである。

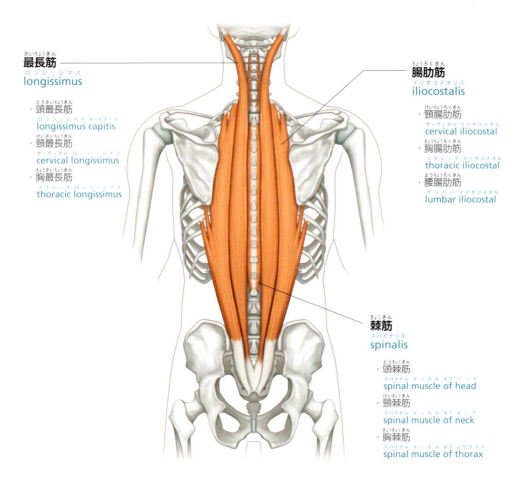

●主な作用
両側：脊柱をまっすぐにして姿勢を保つ。片側：脊柱を側屈、回旋させる。

●支配神経
脊髄神経後枝

> **脊柱起立筋を使う運動動作**
> ウエイトリフティングでバーベルを床から持ち上げる。綱引きの綱を引く。
>
> **脊柱起立筋を使う日常動作**
> 歩行や立位では常にはたらく。大きく重い荷物を持ち上げる。

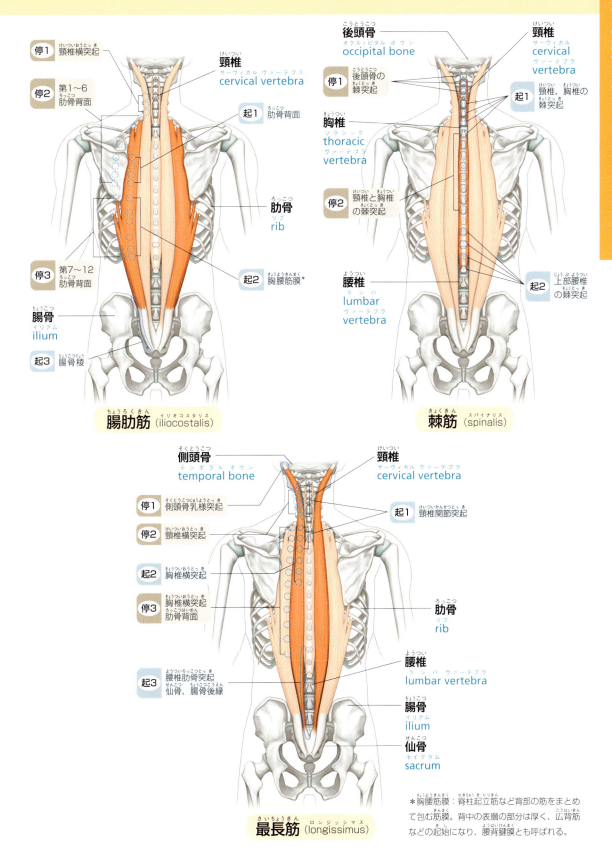

第2章　体幹（コア）　鍛える筋肉

内腹斜筋 (internal oblique)

● 内腹斜筋の特徴
両側腹部にある筋のうち、外腹斜筋の下層、腹横筋の上層にある筋。背部の筋膜や腸骨に起始し、上部の線維は前上方へ、中央部の線維は水平に、下部の線維は前下方へと扇状に広がり、下部肋骨や白線、恥骨などにつく。

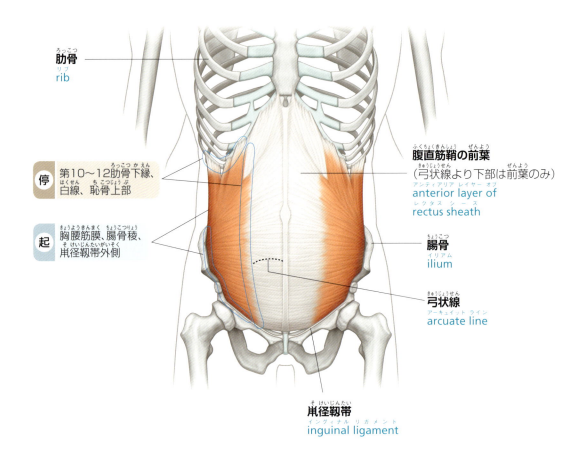

停：第10～12肋骨下縁、白線、恥骨上部

起：胸腰筋膜、腸骨稜、鼠径靱帯外側

肋骨 / rib
腹直筋鞘の前葉（弓状線より下部は前葉のみ）/ anterior layer of rectus sheath
腸骨 / ilium
弓状線 / arcuate line
鼠径靱帯 / inguinal ligament

● 主な作用
両側：体幹を前屈する。腹圧を高める。片側：脊柱を側屈、回旋する。

● 支配神経
肋間神経(T7～T11)と肋下神経(T12)、腸骨鼠径神経(L1)、腸骨下腹神経(L1)

🔧 内腹斜筋を使う運動動作
バットを振る（右打者の場合左内腹斜筋が収縮）。砲丸を投げる。

🚶 内腹斜筋を使う日常動作
臥位から上体をまっすぐまたは斜めに起こす。排便のときにいきむ。

44

第3章

肩・上肢

第3章　肩・上肢

肩・上肢の主な筋肉と断面

　上肢の運動には、上腕、前腕、手部にあり肘関節や手関節、手指を動かす筋だけでなく、胸部や背部にあり上腕骨を動かす大胸筋や広背筋なども大きく関わる。さらに背部にある僧帽筋や菱形筋などは肩甲骨を動かすことで、肩で上腕の可動域を広げる。

●肩・上肢の前面

　肩の丸みをつくる三角筋の鎖骨部（①）は上肢を前方へ、肩峰部（②）は側方へ挙上する。また大胸筋（P.85）は全体として上肢を内転する。ただしこれらの筋は広い起始部からひとつに収束して上腕骨についているため、部位によって筋線維の方向が違い、作用も異なる。上腕にある上腕二頭筋（③）や上腕筋（④）、前腕にある腕橈骨筋（⑤）は肘の屈曲を行う。また、前腕の橈側・尺側手根屈筋などは手関節の屈曲を、浅指屈筋や深指屈筋は手指の屈曲を行う。

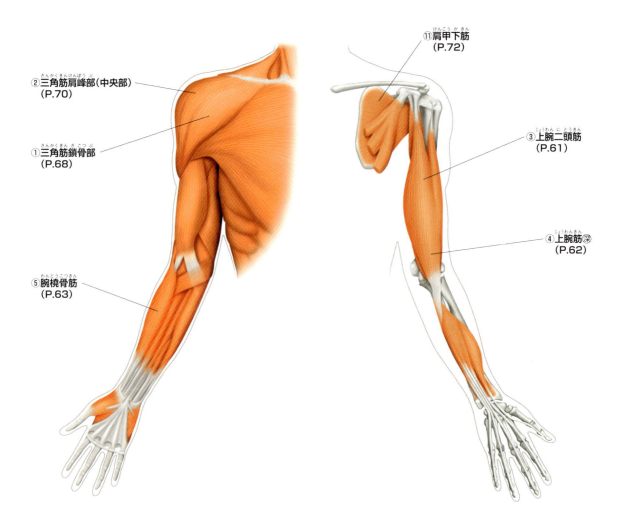

●肩・上肢の後面

　三角筋の肩甲棘部（⑥）は上肢を後方へ挙上する。背部表層の僧帽筋は肩甲骨を動かすが、下行部（上部）（⑦）、水平部（中部）、上行部（下部）にわかれ、部位によって作用が異なる。肩甲骨から上腕骨につく棘上筋（⑧）、棘下筋（⑨）、小円筋（⑩）、肩甲下筋（⑪／前面参照）はローテーターカフ（回旋筋腱板）と呼ばれ、上腕骨骨頭を肩甲骨のほうに引き安定させる。上腕の上腕三頭筋（⑫）、上腕三頭筋外側頭〈⑬〉）や前腕の肘筋（⑭）が肘を、前腕の手根伸筋群などが手関節を、総指伸筋などが手指を伸展する。

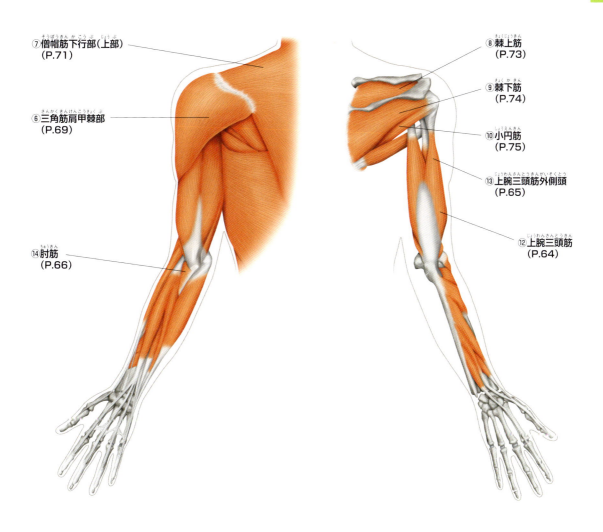

第3章 肩・上肢

肩・上肢の主な筋肉と断面

●断面図

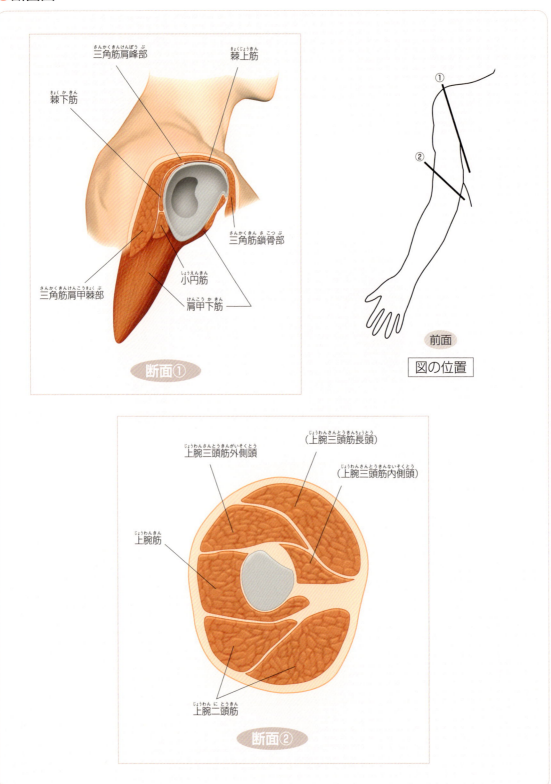

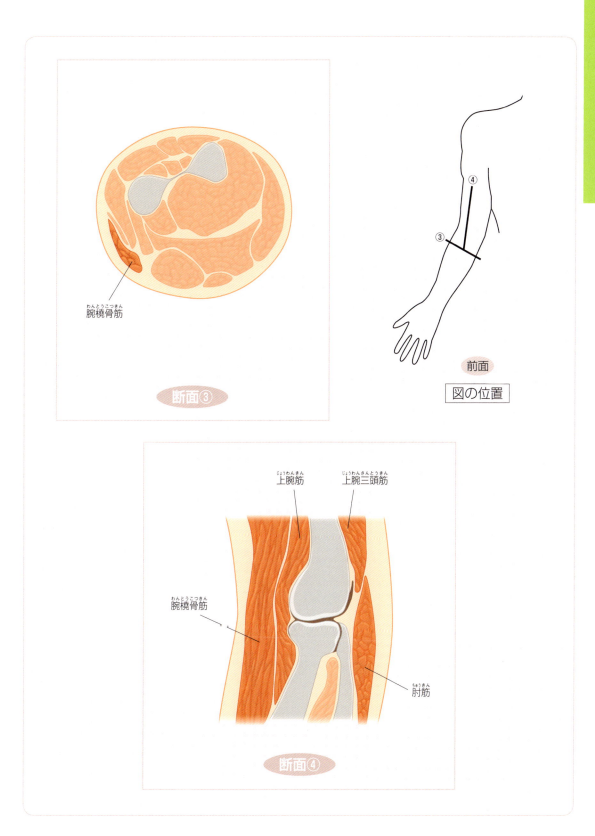

第3章 肩・上肢

❶ バーベルアームカール (Barbell Arm Curl)

トレーニングの基本動作
①背筋を伸ばして立つ
②肩幅程度の位置で回外位（てのひらを前方に向ける）の状態でバーベルを握る
③肘の位置を固定し、手首をまっすぐに保ちながら肘を曲げる

トレーニングの動き

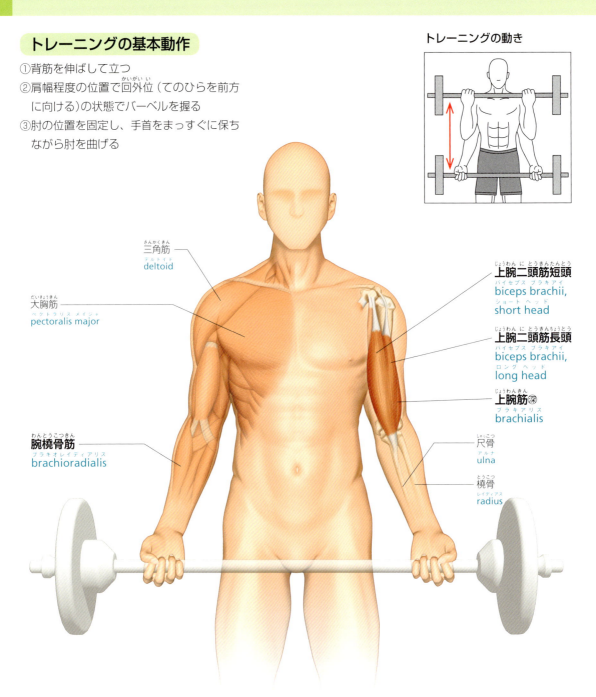

鍛える筋肉

上腕筋

上腕二頭筋

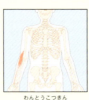
腕橈骨筋

★バリエーション

・バーベルを握る手の幅を広げる
　上腕二頭筋短頭が強くはたらく
・バーベルを握る手の幅を狭める
　上腕二頭筋長頭が強くはたらく

❷ バックショルダープレス (Back Shoulder Press)

トレーニングの基本動作

① バーベルをかついで立つ
② 背筋を伸ばし、バーベルを垂直方向に持ち上げる

トレーニングの動き

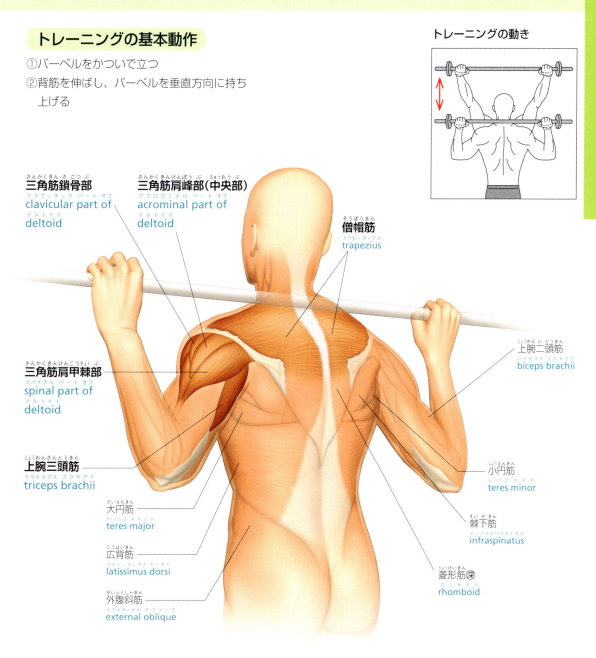

三角筋鎖骨部
clavicular part of deltoid

三角筋肩峰部（中央部）
acrominal part of deltoid

僧帽筋
trapezius

三角筋肩甲棘部
spinal part of deltoid

上腕二頭筋
biceps brachii

上腕三頭筋
triceps brachii

小円筋
teres minor

大円筋
teres major

棘下筋
infraspinatus

広背筋
latissimus dorsi

菱形筋（深）
rhomboid

外腹斜筋
external oblique

鍛える筋肉

三角筋

上腕三頭筋

僧帽筋

★ **バリエーション**

- バーベルをからだの前（鎖骨の上）に持ち、真上に上げる（フロントプレス）
  三角筋鎖骨部が強くはたらく

第3章　肩・上肢

3 ライイング・トライセプスエクステンション (Lying Triceps Extension)

トレーニングの基本動作

①仰向けになり、額の上で、肘関節を屈曲し、てのひらを天井にむけてバーベルを持つ
②手幅は肩幅よりやや狭く
③肘関節を伸展し、腕を上体に対して垂直の位置まで上げる

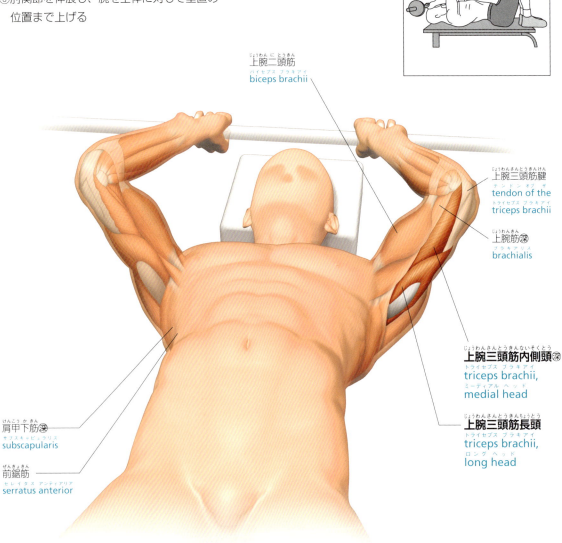

鍛える筋肉

上腕三頭筋

★バリエーション

- 肘を横に動かしながらバーベルを胸の上に下ろす（トライセプスプレス）
  上腕三頭筋内側頭と外側頭が強くはたらく
- バーベルを頭頂部を越えたところに下ろす
  上腕三頭筋長頭が強くはたらく

④ フロントレイズ（Front Raise）

トレーニングの基本動作

①肩幅程度に足を開く
②ダンベルを回内位（てのひらを自分にむける）で、太ももの前に持つ
③両腕同時にまたは片腕ずつ交互に肩の高さまで持ち上げる

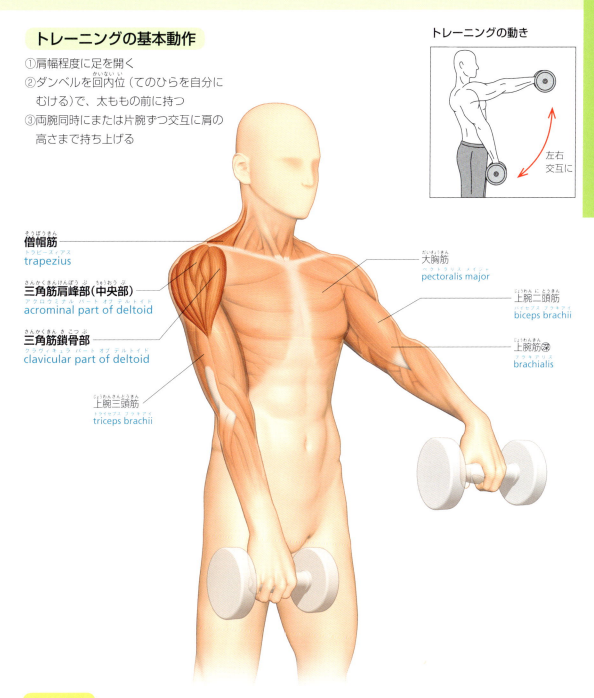

トレーニングの動き

左右交互に

僧帽筋
トラピーズィアス
trapezius

三角筋肩峰部（中央部）
アクロウミナル パート オブ デルトイド
acrominal part of deltoid

三角筋鎖骨部
クラヴィキュラ パート オブ デルトイド
clavicular part of deltoid

上腕三頭筋
トライセプス ブラキアイ
triceps brachii

大胸筋
ペクトラリス メイジャ
pectoralis major

上腕二頭筋
バイセプス ブラキアイ
biceps brachii

上腕筋（深）
ブラキアリス
brachialis

鍛える筋肉

三角筋

僧帽筋

★ **バリエーション**

・上体を前に傾けて行う（ベントオーバーフロントレイズ）
　三角筋鎖骨部がより強くはたらく

第3章　肩・上肢

❺ サイドレイズ (Side Raise)

トレーニングの基本動作

①肩幅程度に足を開く
②ダンベルを持ち、肘関節を少し屈曲する
③円弧を描くように両腕を同時に横に広げ、肩の少し上まで上げる

トレーニングの動き

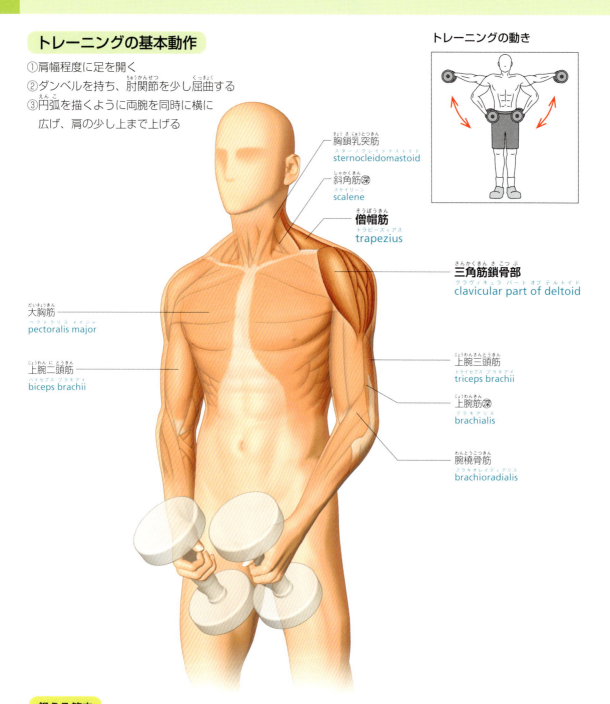

- 胸鎖乳突筋　sternocleidomastoid
- 斜角筋(深)　scalene
- 僧帽筋　trapezius
- 三角筋鎖骨部　clavicular part of deltoid
- 大胸筋　pectoralis major
- 上腕二頭筋　biceps brachii
- 上腕三頭筋　triceps brachii
- 上腕筋(深)　brachialis
- 腕橈骨筋　brachioradialis

鍛える筋肉

三角筋鎖骨部

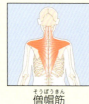
僧帽筋

★ バリエーション

・肘を直角に曲げて行う
　肩への負担を軽くし、肩甲骨と上腕の動きを整える

⑥ ベントオーバーサイドレイズ（Bent Over Side Raise）

トレーニングの基本動作
① 軽く足を開き、膝関節を少し屈曲する
② 上体を床に水平になるよう、股関節を屈曲する
③ 背筋を伸ばし、両腕をぶら下げるようにダンベルを持つ
④ 肘関節を少し屈曲しながら、両腕を広げ水平まで持ち上げる

トレーニングの動き

僧帽筋 trapezius
大胸筋 pectoralis major
広背筋 latissimus dorsi
外腹斜筋 external oblique
棘下筋 infraspinatus
小円筋 teres minor
大円筋 teres major
上腕二頭筋 biceps brachii
上腕筋 brachialis
腕橈骨筋 brachioradialis
円回内筋 pronator teres
橈側手根屈筋 flexor carpi radialis
長掌筋 palmaris longus
浅指屈筋 flexor digitorum superficialis
三角筋肩甲棘部 spinal part of deltoid
三角筋肩峰部（中央部） acrominal part of deltoid
三角筋鎖骨部 clavicular part of deltoid
上腕三頭筋 triceps brachii
肘筋 anconeus

鍛える筋肉

三角筋

僧帽筋

★ バリエーション
・額をベンチの上につけて行う
　上体の反動を使わないため三角筋がより強くはたらく

第3章 肩・上肢

55

第3章　肩・上肢

⑦ ショルダーシュラッグ (Shoulder Shrug)

トレーニングの基本動作

① 軽く足を開く
② まっすぐに立ち、両手にダンベルを持つ
③ 肩をなるべく大きく挙上し、元の位置に戻す

トレーニングの動き

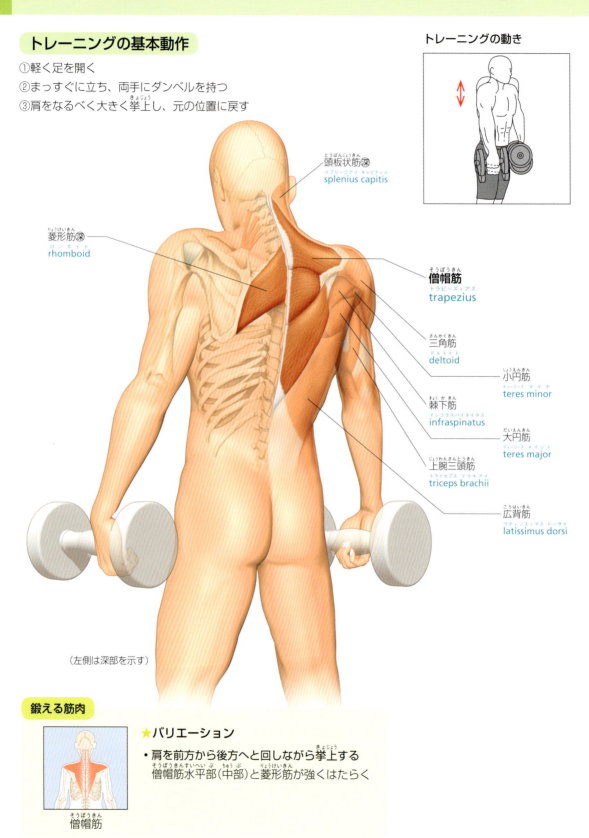

（左側は深部を示す）

鍛える筋肉

僧帽筋

★バリエーション

- 肩を前方から後方へと回しながら挙上する
  僧帽筋水平部（中部）と菱形筋が強くはたらく

⑧ スタンディング・トライセプスエクステンション (Standing Triceps Extension)

トレーニングの基本動作

①軽く足を開き、片手にダンベルを持つ
②ダンベルを持った腕を真上に上げる
③肘の位置を動かさずに肘関節を屈曲し、ダンベルを首の後ろまで下ろす
④肘関節を伸展し、元の位置にもどす

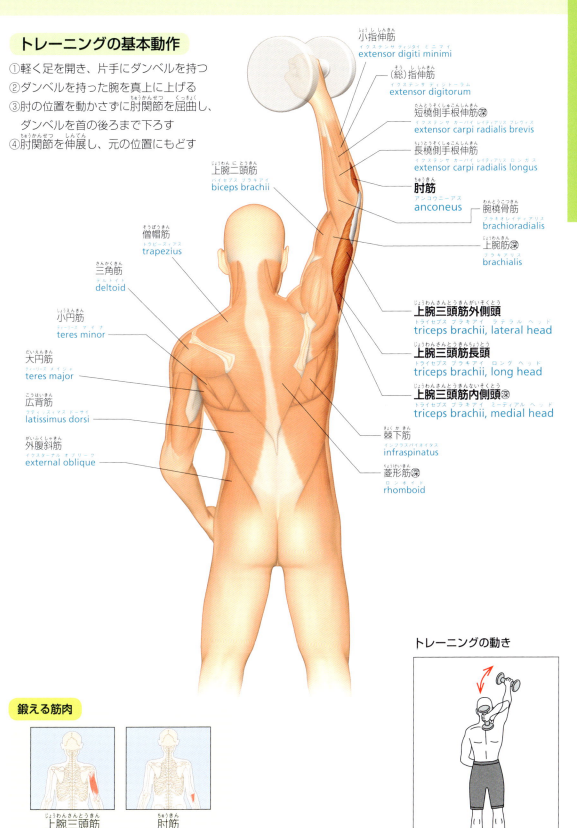

鍛える筋肉

上腕三頭筋 ／ 肘筋

トレーニングの動き

第3章 肩・上肢

9 トライセプスエクステンションキックバック (Triceps Extension Kick Back)

トレーニングの基本動作

①片方の手にダンベルを持ち、上体を前に倒す
②肘を体側につけ、肘関節を直角に屈曲する
③肘の位置を動かさずに、肘関節を伸展する

トレーニングの動き

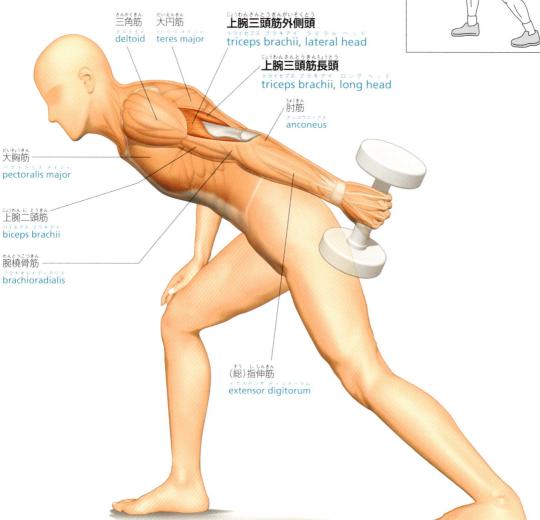

- 三角筋 (デルトイド) deltoid
- 大円筋 (ティーレス メイジャ) teres major
- 上腕三頭筋外側頭 (トライセプス ブラキアイ ラテラル ヘッド) triceps brachii, lateral head
- 上腕三頭筋長頭 (トライセプス ブラキアイ ロング ヘッド) triceps brachii, long head
- 肘筋 (アンコウニーアス) anconeus
- 大胸筋 (ペクトラリス メイジャ) pectoralis major
- 上腕二頭筋 (バイセプス ブラキアイ) biceps brachii
- 腕橈骨筋 (ブラキオレイディアリス) brachioradialis
- (総)指伸筋 (イクステンサ ディジトーラム) extensor digitorum

鍛える筋肉

上腕三頭筋

★バリエーション
- 両足をそろえて上体を前に倒し、両手同時に行う
  筋の使い方は同じ

⑩ インターナル・ローテーション (Internal Rotation)

トレーニングの基本動作

①チューブを肘の高さになるように設置し、体を正面にして横に立つ
②チューブを設置した位置から近い側の手でチューブを握る
③内側に向かってチューブを伸ばす
④元の位置に戻す

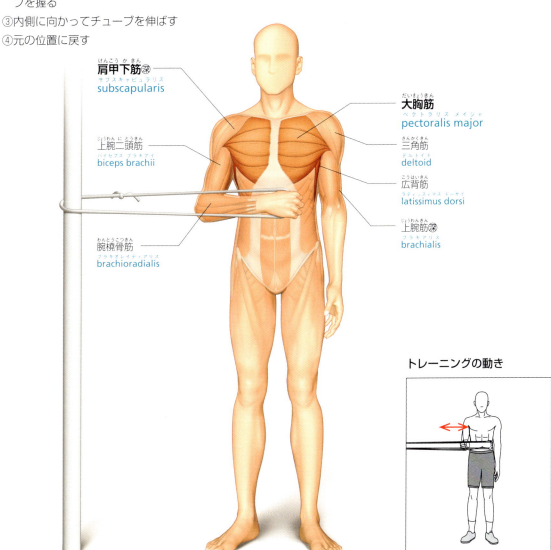

鍛える筋肉

肩甲下筋

大胸筋

★バリエーション

- 肘関節を直角に屈曲し、上腕を回旋する
  肩甲下筋が強く刺激される
- 肘関節を直角に屈曲し、肩まで上げ、180°回転する
  棘下筋、小円筋が強く刺激される

第3章 肩・上肢

第3章 肩・上肢

⑪ エクスターナル・ローテーション (External Rotation)

トレーニングの基本動作

①チューブを肘の高さになるように設置し、体を正面にして横に立つ
②チューブを設置した位置から遠い側の手でチューブを握る
③外側に向かってチューブを伸ばす
④元の位置に戻す

トレーニングの動き

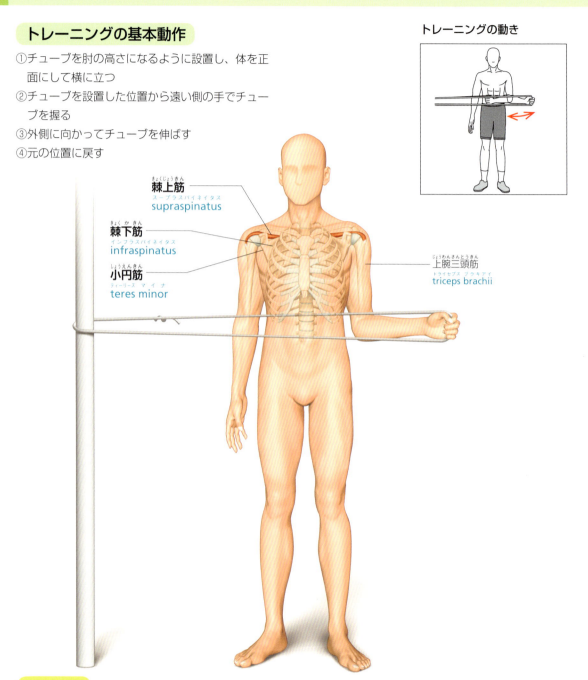

棘上筋
スープラスパイネイタス
supraspinatus

棘下筋
インフラスパイネイタス
infraspinatus

小円筋
ティーリーズ マイナ
teres minor

上腕三頭筋
トライセプス ブラキアイ
triceps brachii

鍛える筋肉

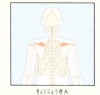
棘上筋

棘下筋

小円筋

★バリエーション

- 肘関節を直角に屈曲し、体につける
  棘下筋、小円筋が強く刺激される
- 肘関節を直角に屈曲し、肩まで上げ、90°回転する
  棘下筋、小円筋が強く刺激される

60

第3章 肩・上肢　鍛える筋肉

上腕二頭筋 (biceps brachii)

●上腕二頭筋の特徴

上腕の前面にある筋で、"力こぶ"はこの筋が収縮したときにできるもの。前腕を屈曲する筋で、前腕の回外位でより強い力を発揮する。2つの筋頭が肩甲骨に起始するため、上腕の屈曲を補助するはたらきも持つ。

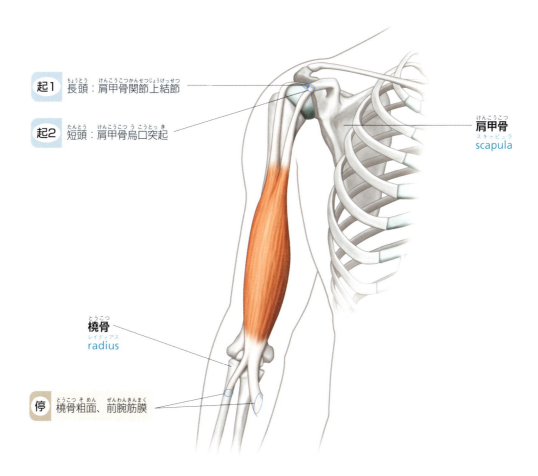

起1　長頭：肩甲骨関節上結節
起2　短頭：肩甲骨烏口突起
肩甲骨 scapula
橈骨 radius
停　橈骨粗面、前腕筋膜

●主な作用

前腕を屈曲、回外する。肩で上腕を屈曲する。

●支配神経

筋皮神経（C5、C6）

上腕二頭筋を使う運動動作
柔道で相手と組み、引き寄せる。鉄棒を逆手で持ち、懸垂をする。

上腕二頭筋を使う日常動作
力こぶをつくる。手に持った荷物を肘を曲げて持ち上げる。

第3章　肩・上肢　鍛える筋肉

上腕筋 (brachialis)

●上腕筋の特徴

上腕二頭筋の下層、上腕の下半分に位置する筋で、前腕の屈曲を行う筋。上腕骨に接しているので、上腕骨骨折で傷つきやすい。前腕を回内しても回らない尺骨に停止するため、前腕の回内・回外に関係なく力を発揮する。

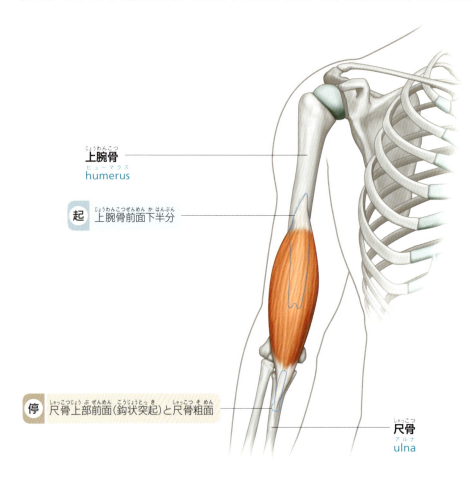

上腕骨　humerus

起　上腕骨前面下半分

停　尺骨上部前面(鉤状突起)と尺骨粗面

尺骨　ulna

●主な作用
前腕を屈曲する。前腕の回内・回外に関係なく力を発揮する。

●支配神経
筋皮神経(C5～C7)、橈骨神経(C5～C7)

上腕筋を使う運動動作
相撲でまわしをとって引きつける。ボートのオールをこぐ。

上腕筋を使う日常動作
手に持った荷物を肘を曲げて持ち上げる。子どもが親にしがみつく。

腕橈骨筋 (brachioradialis)

●腕橈骨筋の特徴

前腕の外側（橈側）に位置する筋で、前腕を屈曲するはたらきがある。機能的には屈筋だが、前腕後面にある長・短頭側手根伸筋とひとまとめになっている（同じ区画にある）ため、前腕の伸筋群に分類されている。

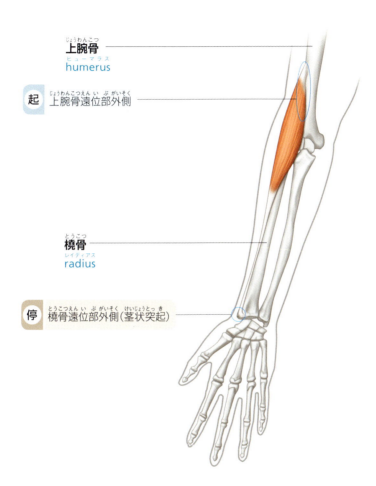

起：上腕骨遠位部外側
停：橈骨遠位部外側（茎状突起）

●主な作用

前腕を屈曲する。前腕の半回内位や、急に肘を曲げるときに強い力を発揮する。

●支配神経

橈骨神経（C5〜C7）

腕橈骨筋を使う運動動作
腕相撲の開始時に、相手と手を組み引きつける。釣り竿を引く。

腕橈骨筋を使う日常動作
手に下げたものを持ち上げる。手を伸ばして取ったものを手元に引き寄せる。

第3章 肩・上肢　鍛える筋肉

上腕三頭筋 (triceps brachii)

● 上腕三頭筋の特徴
　上腕後面にある筋。上腕の後面はほぼこの筋で占められている。前腕の伸展はおもにこの筋が行っている。筋頭は長頭、内側頭、外側頭からなる。そのうち長頭は肩甲骨に起始するので上腕の伸展も助ける。

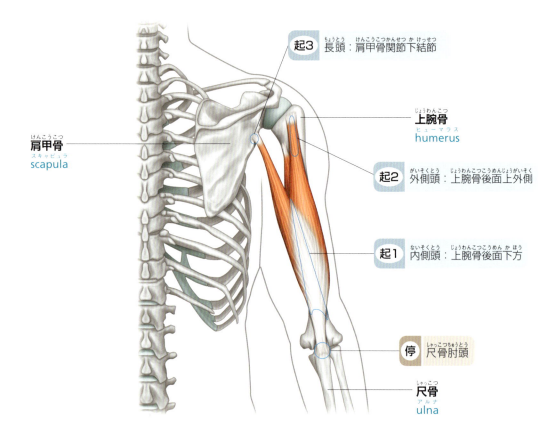

起3　長頭：肩甲骨関節下結節
起2　外側頭：上腕骨後面上外側
起1　内側頭：上腕骨後面下方
停　尺骨肘頭

肩甲骨 scapula
上腕骨 humerus
尺骨 ulna

● 主な作用
前腕を伸展する。

● 支配神経
橈骨神経（C6〜C8）

上腕三頭筋を使う運動動作
腕立て伏せをする。バレーボールのアタックのインパクトの瞬間まで。

上腕三頭筋を使う日常動作
荷物を高いところに持ち上げる。椅子のアームに両手をついて立ち上がる。

上腕三頭筋外側頭 (triceps brachii, lateral head)

● 上腕三頭筋外側頭の特徴
上腕後面を占める上腕三頭筋の3つある筋頭のうち、外側頭の部分。上腕骨後面の上部のやや外側に起始する。上腕の表層に長頭と並走している。筋尾は、長頭、内側頭と合流し、腱が尺骨の肘頭に停止する。

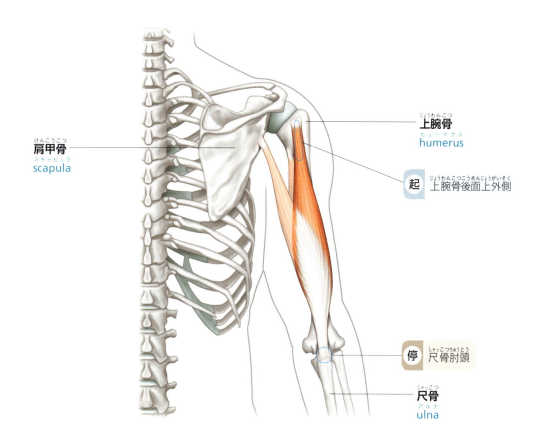

● 主な作用
前腕を伸展する。

● 支配神経
橈骨神経(C6〜C8)

上腕三頭筋外側頭を使う運動動作
ボールをオーバースローで軽く投げる。バドミントンのスマッシュ。

上腕三頭筋外側頭を使う日常動作
荷物を高いところに持ち上げる。椅子のアームに両手をついて立ち上がる。

第3章　肩・上肢　　鍛える筋肉

肘筋（anconeus）

● 肘筋の特徴

肘の後面にある三角形の小さい筋で、上腕三頭筋の一部の筋が分離したもの。肘関節包を起始として関節包を緊張させ、肘筋の伸展にともなって関節包が関節に巻き込まれないように防ぐ役割をもつ。

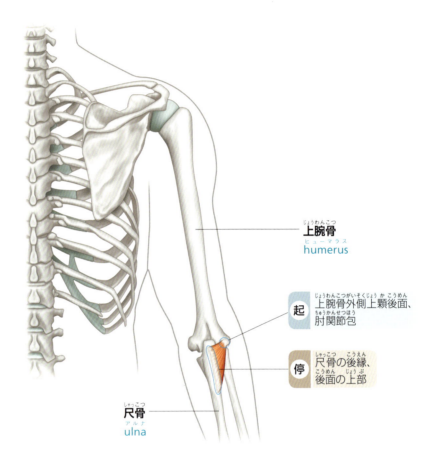

● 主な作用

前腕(肘関節包)を伸展する。

● 支配神経

橈骨神経（C6〜C8）

肘筋を使う運動動作

腕立て伏せをする。砲丸投げややり投げなどの投てき。

肘筋を使う日常動作

物を高いところに上げる。ドアを押し開ける。

三角筋（deltoid）

●三角筋の特徴

肩の丸みをつくる筋で、逆三角形をしている。筋全体としては上腕の外転を行う。三角形の上辺にあたる起始部によって、鎖骨部（前部）、肩峰部（中央部）、肩甲棘部（後部）にわけられ、それぞれ作用が異なる。

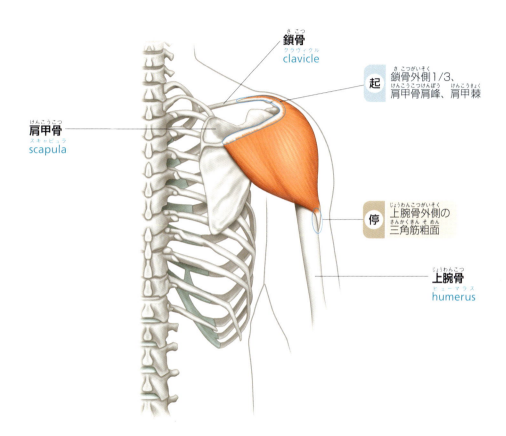

●主な作用

90°程度まで上腕を外転する。それ以上の外転には肩甲骨の動きが必要。

●支配神経

腋窩神経（C5、C6）

三角筋を使う運動動作
バランスをとるため両手を広げる。サイドスローでボールを投げる一連の動作。

三角筋を使う日常動作
両手で持った荷物を持ち上げる。ズボンを引き上げる。

第3章 肩・上肢　鍛える筋肉

三角筋鎖骨部 (clavicular part of deltoid)

●三角筋鎖骨部の特徴

　三角筋のうち鎖骨の外側1/3に起始する部分。筋線維は肩峰部（中央部）・肩甲棘部の線維と合流し、上腕骨に停止する。鎖骨部は上腕の外転を助けるほか、上腕を屈曲・水平屈曲、内旋するはたらきを持つ。

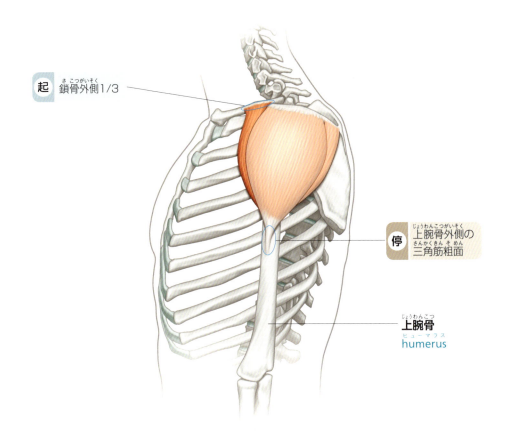

起　鎖骨外側1/3

停　上腕骨外側の三角筋粗面

上腕骨
humerus

●主な作用
上腕を屈曲・水平屈曲し、内旋する。三角筋全体として上腕を外転する。

●支配神経
腋窩神経（C5、C6）

> **三角筋鎖骨部を使う運動動作**
> 歩行や走行で腕を前方に振り出す。テニスのフォアハンドの動作。
>
> **三角筋鎖骨部を使う日常動作**
> ドアを押し開けるために手を前に伸ばす。人にものを渡すため差し出す。

三角筋肩甲棘部 (spinal part of deltoid)

●三角筋肩甲棘部の特徴

三角筋のうち肩甲骨の肩甲棘に起始する部分。筋線維は鎖骨部・肩峰部(中央部)の線維と合流し、上腕骨に停止する。肩甲棘部は上腕の外転を助けるほか、上腕を伸展・水平伸展、外旋するはたらきを持つ。

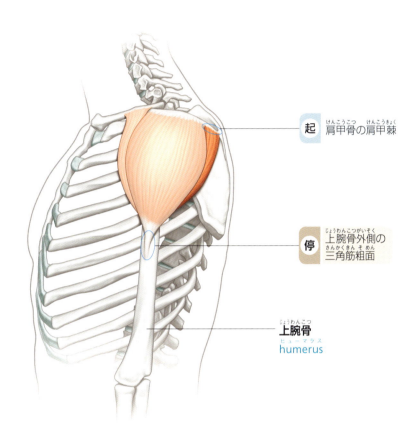

起 肩甲骨の肩甲棘

停 上腕骨外側の三角筋粗面

上腕骨 humerus

●主な作用

上腕を伸展・水平伸展し、外旋する。三角筋全体として上腕を外転する。

●支配神経

腋窩神経(C5、C6)

三角筋肩甲棘部を使う運動動作
歩行や走行で腕を後方に振る。アーチェリーの弓を引く。

三角筋肩甲棘部を使う日常動作
背中を掻くために手を背中にまわす。板を切るためにのこぎりを引く。

第3章　肩・上肢　鍛える筋肉

三角筋肩峰部(中央部) (acrominal part of deltoid)

●三角筋肩峰部(中央部)の特徴
　三角筋の中央の部分で、肩甲骨の肩峰の外方に起始する。筋線維は鎖骨部・肩甲棘部の線維と合流し、上腕骨に停止する。肩峰部(中央部)は、鎖骨部・肩甲棘部とともに上腕を外転するはたらきを持つ。

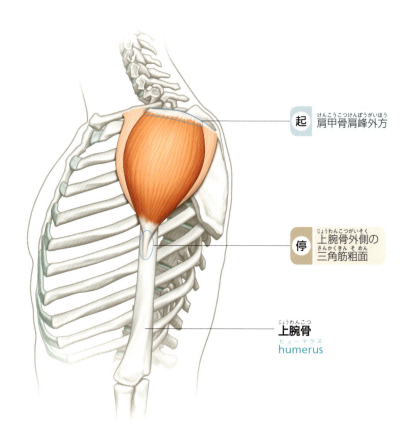

起　肩甲骨肩峰外方

停　上腕骨外側の三角筋粗面

上腕骨
humerus

●主な作用
上腕を外転する。上腕下垂位から外転を開始するには棘上筋の作用が必要。

●支配神経
腋窩神経(C5、C6)

三角筋肩峰部(中央部)を使う運動動作
ラジオ体操の上腕を下から横に開く運動。バランスをとるため両手を広げる。

三角筋肩峰部(中央部)を使う日常動作
両手で持った荷物を持ち上げる。ズボンを引き上げる。

僧帽筋下行部(上部) (trapezius, descending part)

● 僧帽筋下行部(上部)の特徴
僧帽筋は首から背中の上部をおおう広い筋。下行部(上部)・水平部(中部)・上行部(下部)で筋線維が走る方向が違うため、それぞれはたらきも異なる。下行部(上部)は後頭骨・頸椎に起始して鎖骨と肩甲骨につく部分で、肩甲骨を上げるはたらきがある。

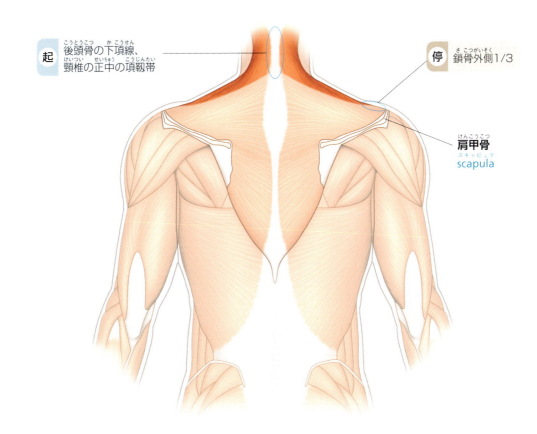

起 後頭骨の下項線、頸椎の正中の項靱帯

停 鎖骨外側1/3

肩甲骨
スキャピュラ
scapula

● 主な作用
肩を内上方に挙上する。上腕を90°以上に外転する。頸部を伸展する。

● 支配神経
運動は副神経、知覚は頸椎神経(C2～C4)

僧帽筋下行部(上部)を使う運動動作
水泳のクロールやバタフライで手を前方に入水する。倒立をする。

僧帽筋下行部(上部)を使う日常動作
肩をすくめる。挙手をする。天井を見上げる。

第3章 肩・上肢　鍛える筋肉

肩甲下筋（subscapularis）

●肩甲下筋の特徴
肩甲骨の前面（肋骨に接する面）につく筋。上腕骨前面に停止する腱は、棘上筋、棘下筋、小円筋の腱とあわせて回旋筋腱板（ローテーターカフ）をつくる。回旋筋腱板は上腕骨頭を肩甲骨のほうに引いて安定させる。

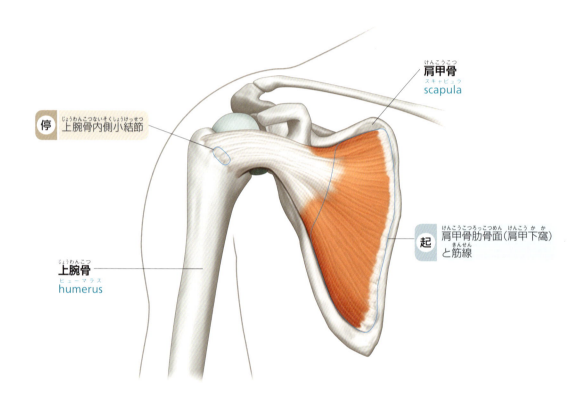

●主な作用
上腕を内旋する。上腕骨頭を肩甲骨のほうに引いて安定させ、前方脱臼を防ぐ。

●支配神経
肩甲下神経（C5～C7）

> **肩甲下筋を使う運動動作**
> 腕相撲をする。投球動作の上から前方でボールを離すまでの動作。
>
> **肩甲下筋を使う日常動作**
> 引き戸を順手で内側（手と反対の方向）へ動かす。

棘上筋 (supraspinatus)

●棘上筋の特徴
肩甲骨後面の棘上窩につく筋。上腕骨頭の外側に停止する腱は、肩甲下筋、棘下筋、小円筋の腱とあわせて回旋筋腱板(ローテーターカフ)をつくる。肩峰と上腕骨の間のトンネルを通る腱の上には肩峰下滑液包がつく。

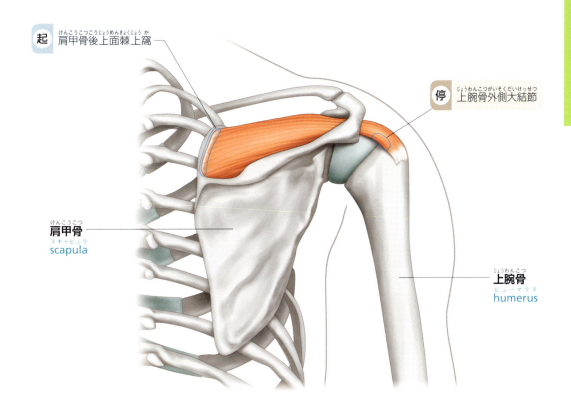

起 肩甲骨後上面棘上窩
停 上腕骨外側大結節
肩甲骨 scapula
上腕骨 humerus

●主な作用
下垂した上肢の外転を開始する。上腕骨頭を肩甲骨のほうに引いて安定させる。

●支配神経
肩甲上神経(C5)

棘上筋を使う運動動作
野球の投球動作の腕を下から外転し始める動作。

棘上筋を使う日常動作
パートナーと手をつなぐために手をからだの横に少し出す。

第3章 肩・上肢 鍛える筋肉

第3章 肩・上肢　鍛える筋肉

棘下筋 (infraspinatus)

●棘下筋の特徴
肩甲骨後面の棘下窩につく筋。上腕骨頭の外側に停止（棘上筋停止部の下）する腱は、肩甲下筋、棘上筋、小円筋の腱とあわせて回旋筋腱板（ローテーターカフ）を構成する。上腕を外旋するはたらきがある。

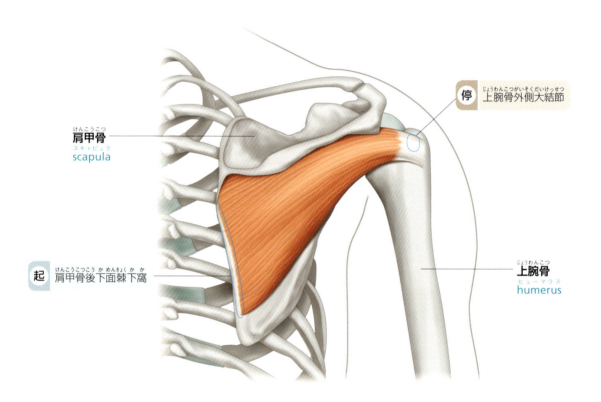

●主な作用
上腕を外旋する。上腕骨頭を肩甲骨のほうに引いて安定させる。

●支配神経
肩甲上神経（C5）

棘下筋を使う運動動作
卓球のバックハンドドライブ。フライングディスクを投げる。

棘下筋を使う日常動作
目の前に飛んで来た虫を払いのける。窓ふきをする（外側にふく動作）。

小円筋 (teres minor)

●小円筋の特徴

棘下筋の下に位置する筋で、肩甲骨の外側縁に起始する。上腕骨頭の外側に停止（棘下筋停止部の下）する腱は、肩甲下筋、棘上筋、棘下筋の腱とあわせて回旋筋腱板（ローテーターカフ）を構成する。上腕の外旋を行う。

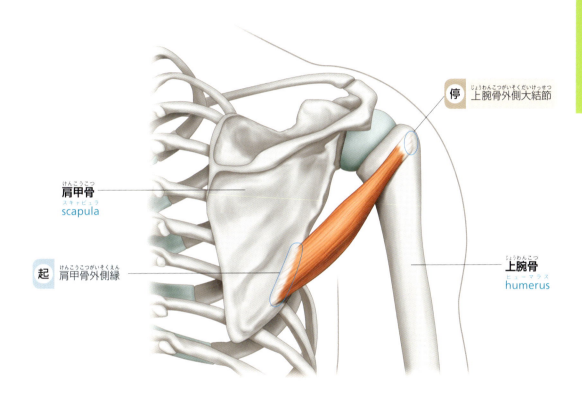

●主な作用

上腕を外旋する。上腕骨頭を肩甲骨のほうに引いて安定させる。

●支配神経

腋窩神経（C5）

小円筋を使う運動動作

卓球のバックハンドドライブ。フライングディスクを投げる。

小円筋を使う日常動作

目の前に飛んで来た虫を払いのける。窓ふきをする（外側にふく動作）。

コラム

筋肉の構造には個人差がある

　人の体格や顔は千差万別である。一方で、誰でも基本的には脳や心臓、肝臓を1つずつ、肺や腎臓は2つずつ持っていて、それらの形状に特段の個人差はない。では筋肉はどうだろうか。

　僧帽筋や大胸筋、大腿四頭筋など人の基本的動作に重要な大きな筋肉は、その構造やつき方に大きな個人差はみられない。しかし小さい筋肉の中には、人によってあったりなかったりするものがある。

　たとえば腹直筋の下方にある錐体筋は、腹直筋を包む腹直筋鞘の中央の白線を緊張させるはたらきをする筋肉だが、数％〜20％程度の人がこの筋を持っていないと言われている。

　実は大きい筋肉にも顕著な個人差がみられるものがある。それは腹直筋である。腹直筋は筋腹の途中にいくつかの中間腱（腱画）を持つ多腹筋だが、この中間腱のつき方に個性があるのだ。中間腱は3つ（筋腹が4つに分かれる）の人が多いが、4つある人や、左右で数が違う人も珍しくない。また左右の中間腱の数が同じでも、左右同じ高さにあるとは限らず、むしろズレていることが多い。この中間腱の位置は生まれつき決まっていて、トレーニングによって位置を変えることはできない。鍛えて割れた腹筋が左右できれいにそろっている人を見て、うらやましいと思う人もいるかもしれない。

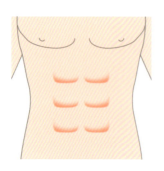

左右対称の腹直筋

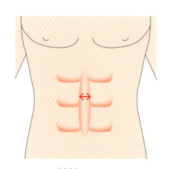

白線の幅が広い

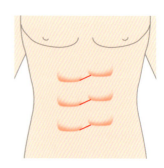

左右の高さがずれている

第4章

胸部

第4章 胸部

胸部の主な筋肉と断面

　胸部の表層には大胸筋がある。大胸筋は人体の中でも最大級の筋のひとつである。胸部にあるが、その作用は上肢の内転であり、機能的には上肢の筋に分類される。大胸筋の下層には小胸筋、鎖骨下筋といった小さい筋があり、肩甲骨や鎖骨の運動に関わっている。

● **胸部**

　大胸筋(①)は鎖骨から胸骨、肋骨にかけての広い部位に起始し、ひとつに集まって上腕骨に停止する筋で、鎖骨部、胸肋部、腹部の各部にわけられる。全体としては、ベンチプレスの運動（上肢の内転）を行うが、部位によって筋線維の方向が違うため作用がやや異なる。筋尾は筋線維が捻れるようにして停止しており、上部がはたらくと上肢を前方に挙上するはたらきをする。

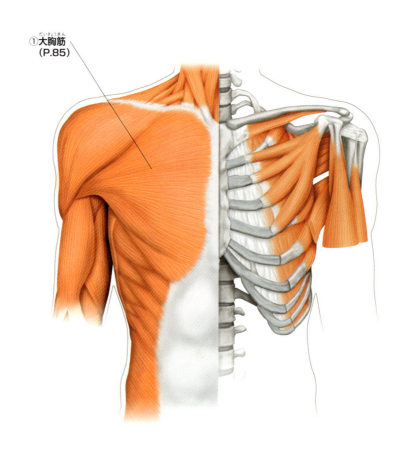

①大胸筋(P.85)

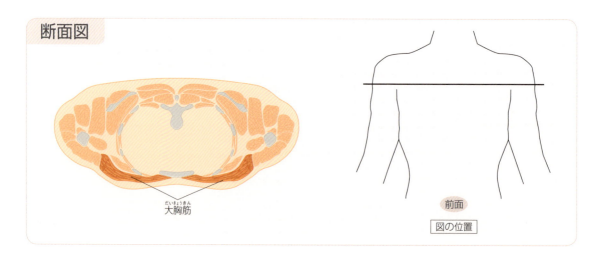

断面図

大胸筋

前面

図の位置

78

❶ ベンチプレス（Bench Press）

トレーニングの基本動作

①ベンチに仰向けになり、足を床にしっかりつける
②胸をはり、肩を引いて肩甲骨を寄せ、バーベルを持つ
③バーベルを胸まで下ろす
④肩甲骨を寄せたまま、肩を内転、肘関節を伸展し、バーベルを持ち上げる

トレーニングの動き

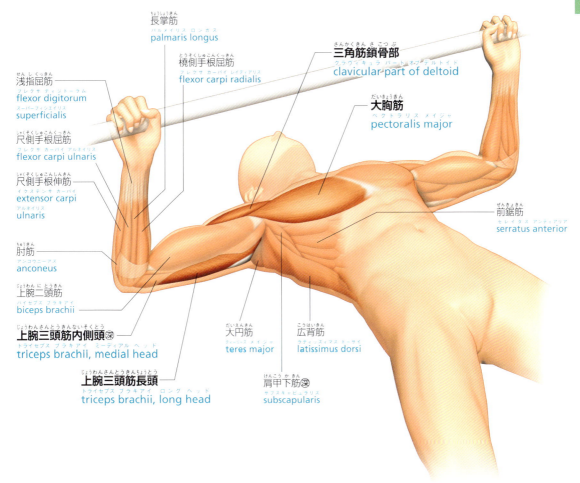

鍛える筋肉

大胸筋

三角筋鎖骨部

上腕三頭筋

★バリエーション

- ベンチを45°くらいに上げてバーベルを持ち上げる
  大胸筋鎖骨部が強くはたらく
- 背をそらせてバーベルを持ち上げる
  大胸筋胸肋部が強くはたらく

第4章　胸部

❷ プッシュアップ (Push Up)

トレーニングの基本動作

①うつ伏せになり、手幅は肩幅くらいか、やや肩幅より広めにつく。
足はそろえるか、少し開く。このとき、おしりが下に落ちたり、上
がったりしないよう、体が一直線になるようにする
②肘関節を屈曲し、胸を床に近づける
③肘関節を伸展する

トレーニングの動き

三角筋肩甲棘部
スパイナル パート オブ デルトイド
spinal part of deltoid

三角筋肩峰部(中央部)
アクロウミナル パート オブ デルトイド
acrominal part of deltoid

三角筋鎖骨部
クラヴィキュラ パート オブ デルトイド
clavicular part of deltoid

大胸筋
ペクトラリス メイジャ
pectoralis major

上腕三頭筋
トライセプス ブラキアイ
triceps brachii

肘筋
アンコウニーアス
anconeus

長橈側手根伸筋
イクステンサ カーパイ レイディアリス ロンガス
extensor carpi radialis longus

短橈側手根伸筋（深）
イクステンサ カーパイ レイディアリス ブレヴィス
extensor carpi radialis brevis

総指伸筋
イクステンサ ディジトーラム
extensor digitorum

外腹斜筋
イクスターナル オブリーク
external oblique

上腕二頭筋
バイセプス ブラキアイ
biceps brachii

腕橈骨筋
ブラキオレイディオ レイディアリス
brachioradialis

円回内筋
プロウネイタ ティーリーズ
pronator teres

橈側手根屈筋
フレクサ カーパイ レイディアリス
flexor carpi radialis

短母指伸筋（深）
イクステンサ ポリシィス ブレヴィス
extensor pollicis brevis

尺側手根伸筋
イクステンサ カーパイ アルネイリス
extensor carpi ulnaris

小指伸筋
イクステンサ ディジタイ ミニマイ
extensor digiti minimi

腹直筋
レクタス アブドミニス
rectus abdominis

鍛える筋肉

| 大胸筋 | 三角筋 | 上腕三頭筋 | 腹直筋 | 外腹斜筋 |

★バリエーション

・両足を台の上にのせて高くする　大胸筋鎖骨部が強くはたらく
・両手を台の上にのせて高くする　大胸筋腹部が強くはたらく

80

❸ ダンベルフライ（Dumbbell Fly）

トレーニングの基本動作

①ベンチで仰向けになる
②両手にダンベルを持ち、肘関節を少し屈曲しダンベルを肩の真横の位置まで下ろす
③円弧を描くように両腕を垂直になる位置まで持ち上げる

トレーニングの動き

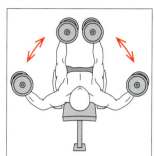

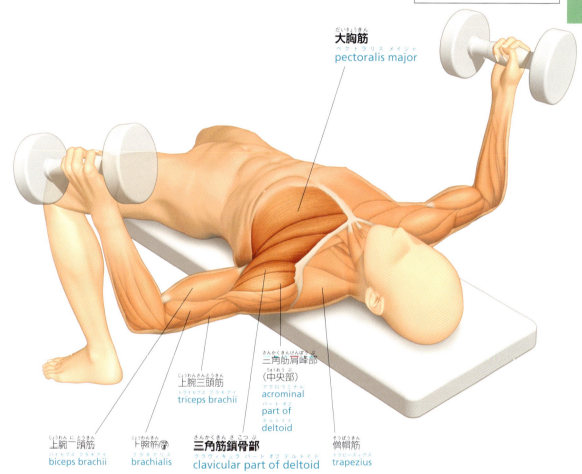

鍛える筋肉

大胸筋

三角筋鎖骨部

★バリエーション

- 肘の屈曲を大きくする
  大胸筋への負荷は軽くなるが、より伸展される

第4章　胸部

④ ペックデックフライ（Pec Deck Fly）

トレーニングの基本動作

① 肘関節を直角に屈曲し、マシンの肘当てにあて、手はレバーを握る
② 両腕を体の正面で合わせるように、引き寄せる

トレーニングの動き

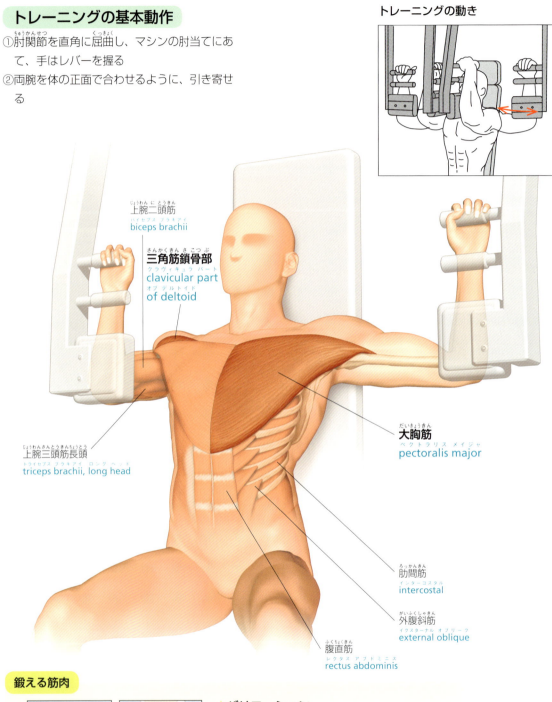

- 上腕二頭筋　biceps brachii
- 三角筋鎖骨部　clavicular part of deltoid
- 上腕三頭筋長頭　triceps brachii, long head
- 大胸筋　pectoralis major
- 肋間筋　intercostal
- 外腹斜筋　external oblique
- 腹直筋　rectus abdominis

鍛える筋肉

大胸筋

三角筋鎖骨部

★バリエーション

- 肘の位置を肩より高くする
  大胸筋鎖骨部が強くはたらく
- 肘の位置を肩より下げる
  大胸筋腹部が強くはたらく

82

⑤ インクライン・ダンベルフライ（Incline Dumbbell Fly）

トレーニングの基本動作

①30〜60°の傾斜をつけたベンチに座る
②両手にダンベルを持ち、肘関節を少し屈曲し、ダンベルが肩の真横になるところまで下ろす
③ダンベルが弧を描くように真上まで挙上する

トレーニングの動き

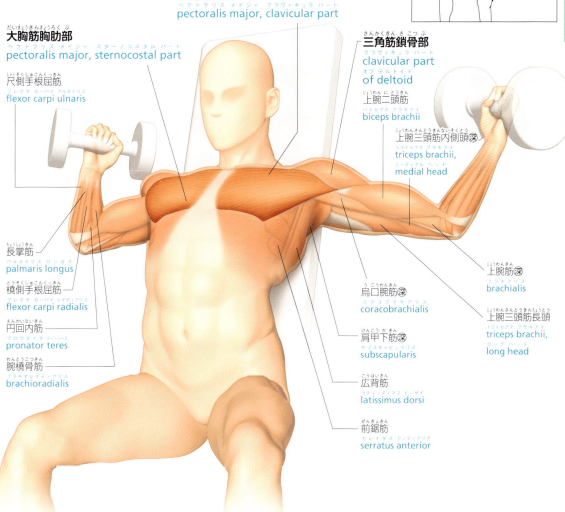

- 大胸筋鎖骨部　pectoralis major, clavicular part
- 大胸筋胸肋部　pectoralis major, sternocostal part
- 尺側手根屈筋　flexor carpi ulnaris
- 長掌筋　palmaris longus
- 橈側手根屈筋　flexor carpi radialis
- 円回内筋　pronator teres
- 腕橈骨筋　brachioradialis
- 三角筋鎖骨部　clavicular part of deltoid
- 上腕二頭筋　biceps brachii
- 上腕三頭筋内側頭（深）　triceps brachii, medial head
- 烏口腕筋（深）　coracobrachialis
- 肩甲下筋（深）　subscapularis
- 広背筋　latissimus dorsi
- 前鋸筋　serratus anterior
- 上腕筋（深）　brachialis
- 上腕三頭筋長頭　triceps brachii, long head

鍛える筋肉

大胸筋　三角筋鎖骨部

★ **バリエーション**

- 肘の屈曲を大きくとる
  大胸筋への負荷は軽くなるが、筋がより伸展される
- ベンチの傾きを変える
  傾斜を大きくするほど大胸筋鎖骨部と三角筋鎖骨部が強くはたらく

第4章　胸部

6 ケーブルクロスオーバー (Cable Crossover)

トレーニングの基本動作
①両腕を開き、肘関節を少し屈曲し、ケーブルのハンドルを持つ
②上体を少し前傾し、胸で絞るようにハンドルを引き寄せる

トレーニングの動き

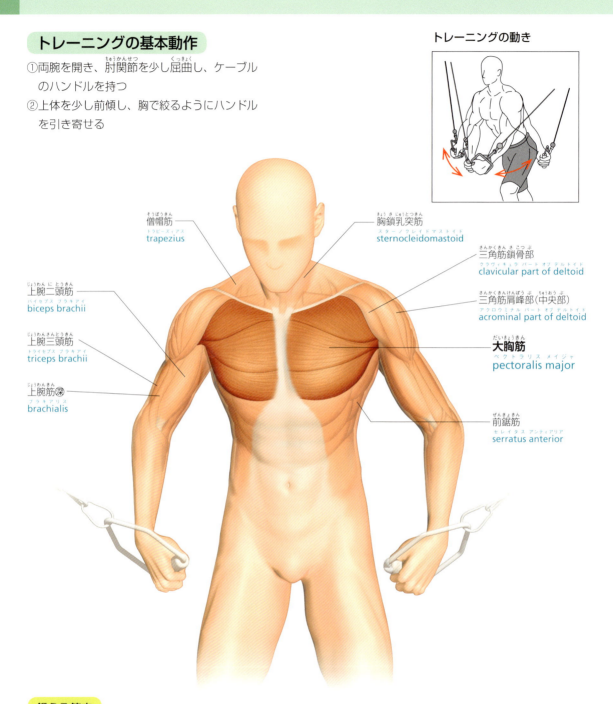

鍛える筋肉

大胸筋

★バリエーション
・ハンドルを引き寄せ、肩を内旋しながら手をクロスする動作の終盤で大胸筋胸肋部が強くはたらく

第4章 胸部　鍛える筋肉

大胸筋 (pectoralis major)

● 大胸筋の特徴

前胸部の大部分をおおっている筋。起始部によって鎖骨部（上部）、胸肋部（中部）、腹部（下部）にわけられる。腱は停止する手前で扇の要のようにねじれる。胸部にあるが、上腕の運動に関わるため上肢筋である。

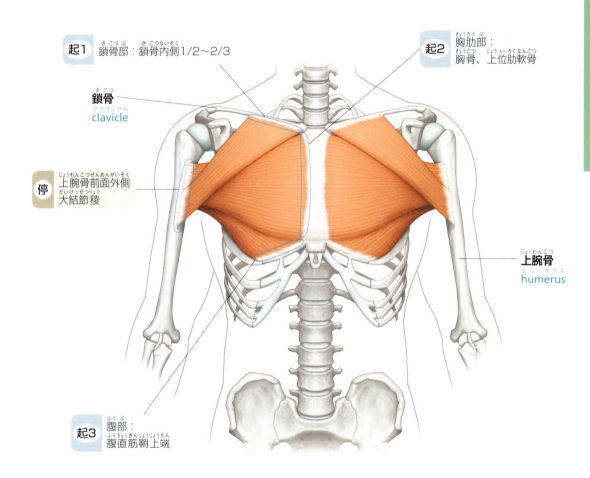

起1　鎖骨部：鎖骨内側1/2～2/3
起2　胸肋部：胸骨、上位肋軟骨
起3　腹部：腹直筋鞘上端
停　上腕骨前面外側 大結節稜
鎖骨 clavicle
上腕骨 humerus

● 主な作用

上腕を前方挙上（屈曲）、内転、内旋する。上肢を固定すると胸郭が上がる。

● 支配神経

外側胸筋神経（C5～C7）、中間胸筋神経（C7,C8）、内側胸筋神経（C8,T1）

🏋 大胸筋を使う運動動作
ベンチプレス。腕立て伏せをする。ボクシングのストレートパンチ。

🚶 大胸筋を使う日常動作
ドアを押し開ける。うつ伏せからからだを起こす。

第4章 胸部　鍛える筋肉

大胸筋鎖骨部 (pectoralis major, clavicular part)

●大胸筋鎖骨部の特徴
大胸筋のうち鎖骨の内側1／2〜2／3に起始する部分。筋線維は鎖骨部から外下方に走り、腱は上腕骨前面外側の表層に停止する。上腕の内旋、屈曲、水平屈曲などを行う。

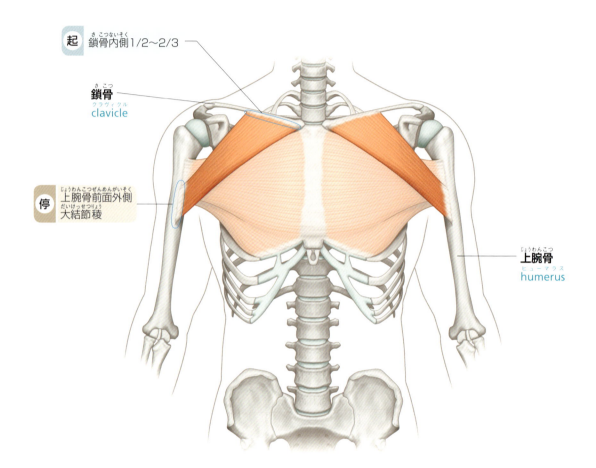

起　鎖骨内側1/2〜2/3
鎖骨　clavicle
停　上腕骨前面外側　大結節稜
上腕骨　humerus

●主な作用
上腕を内旋、内転、屈曲（前方挙上）する。手を斜め上方に突き出す。

●支配神経
外側胸筋神経（C5〜C7）、中間胸筋神経（C7,C8）、内側胸筋神経（C8,T1）

🏋 大胸筋鎖骨部を使う運動動作
インクラインベンチプレス。砲丸を投げる。バレーボールでトスを上げる。

🚶 大胸筋鎖骨部を使う日常動作
高いところに荷物を持ち上げる。

大胸筋胸肋部・腹部 (pectoralis major, sternocostal part) (pectoralis major, abdominal part)

●大胸筋胸肋部・腹部の特徴
大胸筋のうち胸骨と上位肋軟骨に起始する胸肋部と、腹直筋鞘上端に起始する腹部。胸肋部の筋線維はほぼ水平に外方に走り、鎖骨部の停止部より深部に停止する。腹部の線維は外上方に走り、胸肋部より深部に停止する。

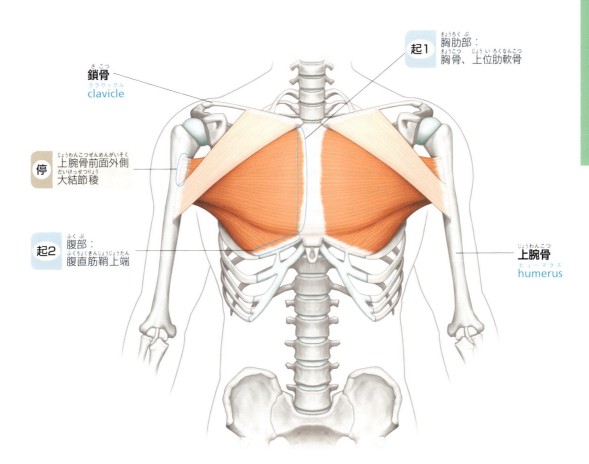

起1 胸肋部：胸骨、上位肋軟骨
鎖骨 clavicle
停 上腕骨前面外側 大結節稜
起2 腹部：腹直筋鞘上端
上腕骨 humerus

●主な作用
上腕を水平屈曲、内転、内旋する。

●支配神経
外側胸筋神経（C5〜C7）、中間胸筋神経（C7,C8）、内側胸筋神経（C8,T1）

大胸筋胸肋部・腹部を使う運動動作
ベンチプレス。腕立て伏せをする。ボクシングのストレートパンチ。

大胸筋胸肋部・腹部を使う日常動作
ドアを押し開ける。うつ伏せからからだを起こす。

第4章 胸部 鍛える筋肉

コラム

大胸筋の筋トレでは前鋸筋も鍛えられる

　大胸筋は起始の部位によって、鎖骨部（上部）、胸肋部（中部）、腹部（下部）にわけられ、各部で筋線維の方向が違う。バランスよく鍛え上げられた美しい大胸筋を手に入れたいならば、その特徴を理解しなければならない。仰臥位でバーベルを体幹に対して垂直に押し上げるベンチプレスでは、負荷は主に胸肋部にかかり、鎖骨部や腹部が十分に鍛えられない。そこで鎖骨部に負荷をかけたい場合は、ベンチの頭側を高くするなどして、押し上げる方向が自分の体幹に対して斜め上になるようにする。腹部を重点的に鍛えたい場合はその逆に、ベンチの頭側を低くするなどして、持ち上げる方向が自分の体幹に対して斜め下方向になるようにすればよい。

　大胸筋のトレーニングでは、胸の側面につく前鋸筋も重要な役割を果たしている。前鋸筋は肋骨に起始して肩甲骨の内側縁についており、肩甲骨が胸郭から離れないように固定するはたらきをする。その様子は腕立て伏せをイメージするとわかりやすい。腕立て伏せをするとき、前鋸筋が弱いと肩甲骨が胸郭から立ち上がるように動いてしまうのである。ベンチプレスなどの大胸筋トレーニングを行うとき、肩甲骨をしっかりと保持するように意識すれば、同時に前鋸筋も効果的に鍛えることができるのである。

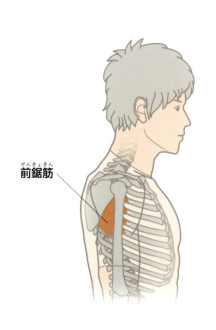

前鋸筋

肩甲骨の保持を意識する

第5章

腹部

第5章　腹部

腹部の主な筋肉と断面

　腹部の正中線をはさんで両側に位置する腹直筋は、体幹の支持や運動に関してもっとも重要な筋である。また腰方形筋や大腰筋、腸骨筋といった筋は、からだの前後の中心よりも後方に位置しているが、脊柱の前にあるため、腹部の筋に分類される。

●腹部

　腹直筋は多腹筋で、筋の途中で3つまたは4つの中間腱を持つ。体の前で肋骨と骨盤をつないでおり、体幹の前屈を行う強力な筋である。恥骨から臍部あたりまでを腹直筋下部（①）という。腰方形筋（②）は肋骨および腰椎から腸骨につき、体幹の側屈に関わる。腰椎に起始する大腰筋（③）と腸骨に起始する腸骨筋（④）はあわせて腸腰筋とも呼ばれ、これらは腹腔を下行して大腿骨につき、歩行などの際に大腿を持ち上げる重要な筋である。

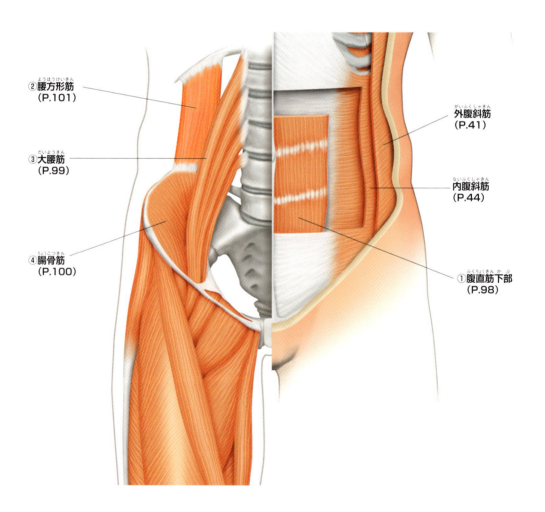

②腰方形筋（P.101）
③大腰筋（P.99）
④腸骨筋（P.100）
外腹斜筋（P.41）
内腹斜筋（P.44）
①腹直筋下部（P.98）

●断面図

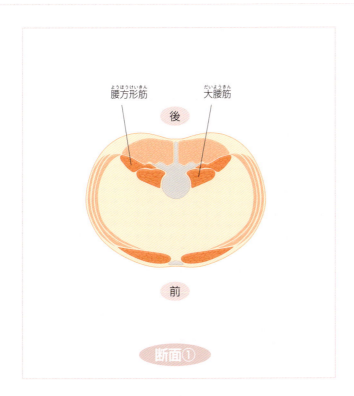

断面①

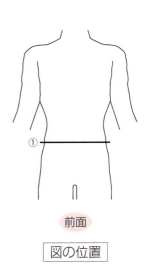

前面

図の位置

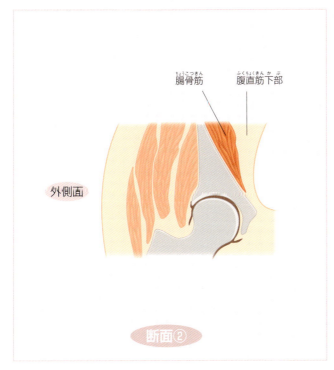

断面②

外側面

図の位置

第5章　腹部

❶ クランチ (Crunch)

トレーニングの基本動作

①仰向けになり、両手は頭の後ろまたは胸の前で組む
②太ももを垂直にし、膝関節は軽く屈曲する（足を台の上に置いてもよい）
③股関節を動かさず、背中を丸め上体をおこす

トレーニングの動き

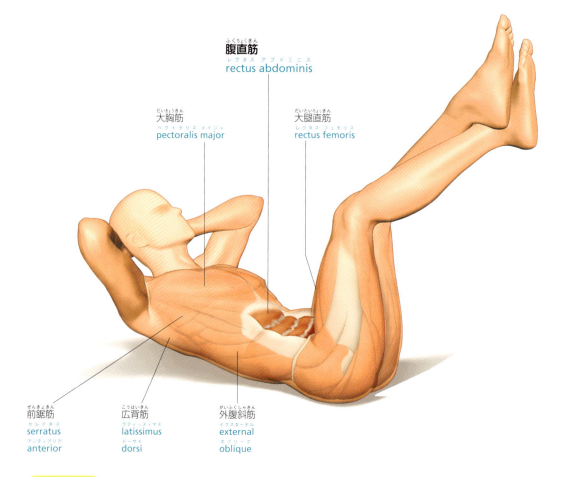

腹直筋
rectus abdominis

大胸筋
pectoralis major

大腿直筋
rectus femoris

前鋸筋
serratus anterior

広背筋
latissimus dorsi

外腹斜筋
external oblique

鍛える筋肉

腹直筋

★バリエーション

・上体をおこす際、右肘を左膝に、左肘を右膝に近づけるようにひねる（ツイストクランチ）
内・外腹斜筋が強くはたらく

❷ シットアップ（Sit Up）

トレーニングの基本動作

①仰向けになり、両手は頭の後ろまたは胸の前で組む
②足を床につき、膝を立てる
③背を丸めるようにして上体を垂直の位置までおこす
④背を丸めるようにして上体を元にもどすが、背は床につけず、次を行う

トレーニングの動き

- 大胸筋　pectoralis major
- 前鋸筋　serratus anterior
- **外腹斜筋**　external oblique
- **腸腰筋**※*1　iliopsoas
- 大腿筋膜張筋　tensor fasciae latae
- 中殿筋　gluteus medius
- 大殿筋　gluteus maximus
- 大腿二頭筋長頭　biceps femoris, long head
- 半腱様筋　semitendinosus
- **腹直筋**　rectus abdominis
- 大腿直筋　rectus femoris
- 外側広筋　vastus lateralis
- 内側広筋　vastus medialis
- 半膜様筋　semimembranosus
- 大腿二頭筋短頭　biceps femoris, short head

*1 腸腰筋は腸骨筋と大腰筋

鍛える筋肉

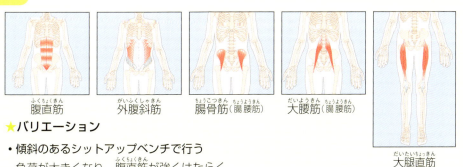

腹直筋　外腹斜筋　腸骨筋（腸腰筋）　大腰筋（腸腰筋）　大腿直筋

★**バリエーション**

- 傾斜のあるシットアップベンチで行う
  負荷が大きくなり、腹直筋が強くはたらく
- 上体をおこす際、右肘を左膝に、左肘を右膝につける（ツイスティング・シットアップ）
  内・外腹斜筋が強くはたらく

第5章　腹部

③ シーテッド・トランクツイスト (Seated Trunk Twist)

トレーニングの基本動作

①座位になり両手でダンベルを持つ
②上体を後ろに傾け、手を伸ばしたまま片側にゆっくりとひねる
③元に戻り、反対側にひねる

トレーニングの動き

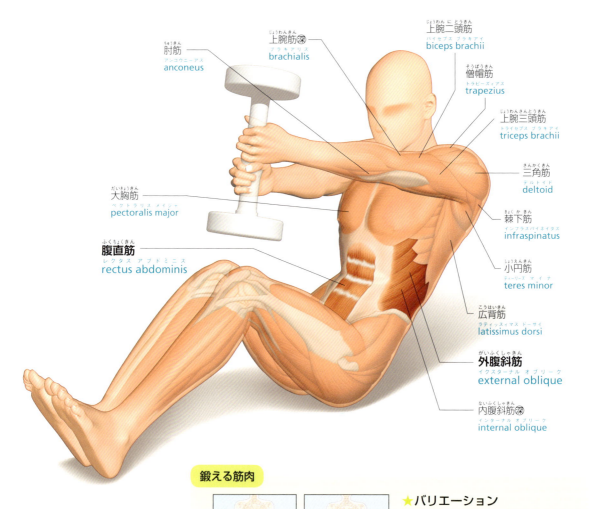

鍛える筋肉

腹直筋　外腹斜筋

★バリエーション
・足を床から離した状態で、上体をひねる
腹直筋に強くはたらく

④ サイドベンド (Side Bend)

トレーニングの基本動作

①両足を軽く開いて立つ
②片手にダンベルを持ち、もう一方の手は頭の後ろにつける
③ダンベルを持った手のほうに上体を曲げ、次にダンベルを引き上げるように反対側のほうに上体を曲げてたおす

トレーニングの動き

腰方形筋(深)
クアドラタス ランボーラム
quadratus lumborum

外腹斜筋
イクスターナル オブリーク
external oblique

内腹斜筋(深)
インターナル オブリーク
internal oblique

腹直筋
レクタス アブドミニス
rectus abdominis

鍛える筋肉

外腹斜筋

内腹斜筋

腹直筋

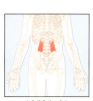
腰方形筋

★バリエーション

・ダンベルを持つ手をやや後方（おしりのほう）に引き、反対側の上体をやや腹側に曲げてたおす
腹直筋、外腹斜筋が強くはたらく

第5章　腹部

⑤ インクライン・レッグレイズ (Incline Leg Raise)

トレーニングの基本動作

①斜めのベンチに仰向けになり、上体を固定する
②股関節を屈曲して足を上げ、おしりを浮かせ太ももを上体に近づける
③ゆっくり元にもどし、足がベンチにつく前に再び足を上げる

トレーニングの動き

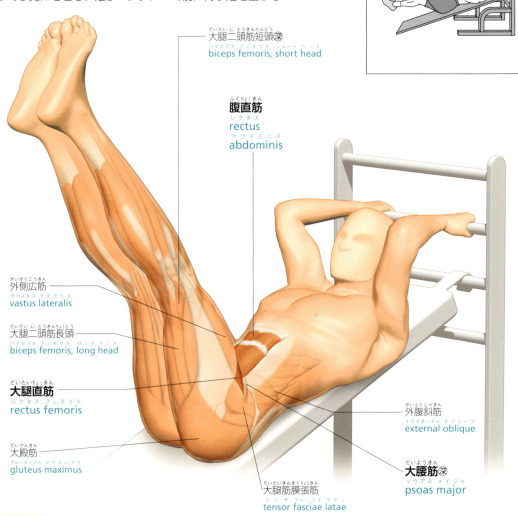

- 大腿二頭筋短頭（深）
  biceps femoris, short head
- 腹直筋
  rectus abdominis
- 外側広筋
  vastus lateralis
- 大腿二頭筋長頭
  biceps femoris, long head
- 大腿直筋
  rectus femoris
- 大殿筋
  gluteus maximus
- 大腿筋膜張筋
  tensor fasciae latae
- 外腹斜筋
  external oblique
- 大腰筋（深）
  psoas major

鍛える筋肉

腹直筋

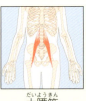
大腰筋

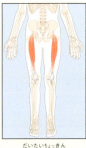
大腿直筋

★ バリエーション

- 上げた足を左右方向に交互にたおす
  外腹斜筋が強くはたらく

❻ ニートゥーチェスト（Knee to Chest）

トレーニングの基本動作

①座位になり、手をおしりより少し後ろにつく
②股関節と膝関節を少し屈曲し、足を浮かせる
③膝を胸に引き寄せる
④足をもどし、床につく前に再び引き寄せる

トレーニングの動き

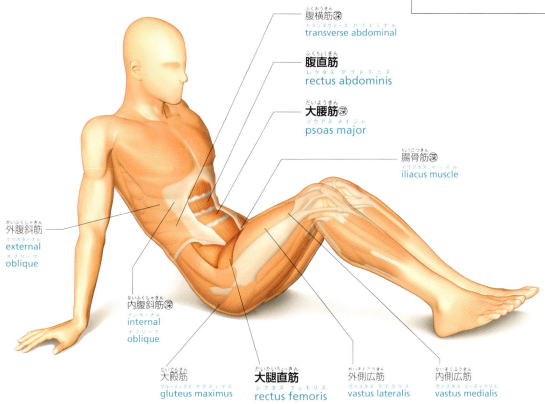

- 腹横筋㊢ トランスヴァース アブドミナル transverse abdominal
- 腹直筋 レクタス アブドミニス rectus abdominis
- 大腰筋㊢ ソウアス メイジャ psoas major
- 腸骨筋㊢ イリアカス マッスル iliacus muscle
- 外腹斜筋 イクスターナル オブリーク external oblique
- 内腹斜筋㊢ インターナル オブリーク internal oblique
- 大殿筋 グルーティアス マクスィマス gluteus maximus
- 大腿直筋 レクタス フェモリス rectus femoris
- 外側広筋 ヴァスタス ラテラリス vastus lateralis
- 内側広筋 ヴァスタス ミーディアリス vastus medialis

鍛える筋肉

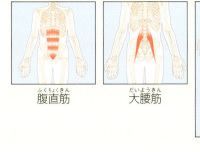

腹直筋　　大腰筋

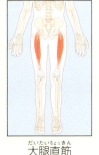

大腿直筋

第5章 腹部

97

第5章　腹部　　鍛える筋肉

腹直筋下部 (lower rectus abdominis)

● 腹直筋下部の特徴
　腹直筋は、腹部中央の表層を走る2本の筋。その下部は、起始部の恥骨から上行し、おおよそ臍部の高さにある腱画（腱画が3つの場合）のあたりまでのこと。この部分は特に骨盤の恥骨部を上に引き骨盤を後傾する。

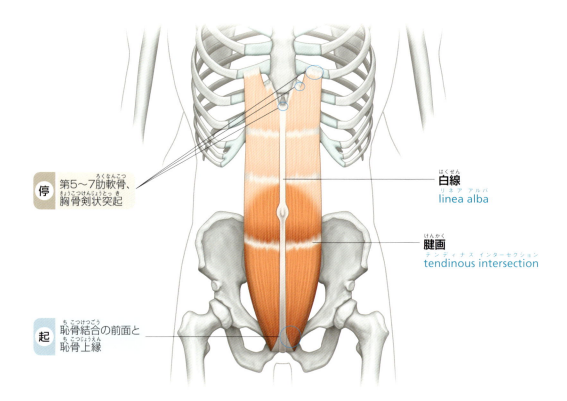

停：第5～7肋軟骨、胸骨剣状突起

起：恥骨結合の前面と恥骨上縁

白線　linea alba

腱画　tendinous intersection

● 主な作用
体幹を前屈する。骨盤を後傾させる。腹圧を高め、骨盤内の内臓を保護する。

● 支配神経
肋間神経（T7～T12）

✓ **腹直筋下部を使う運動動作**
　鉄棒にぶら下がり、下肢を前方から持ち上げる。

🚶 **腹直筋下部を使う日常動作**
　仰臥位で下肢を持ち上げる。排便時などにいきむ。腹式呼吸の呼気。

大腰筋 (psoas major)

● 大腰筋の特徴
寛骨の中を通る筋。腰椎の両側面に起始し、外下方に走って大腿骨内側につく。筋尾は下方の腸骨筋と合流していて、両者を合わせて腸腰筋と呼ぶ。歩行するときに大腿を持ち上げる。脊柱を直立させるはたらきもある。

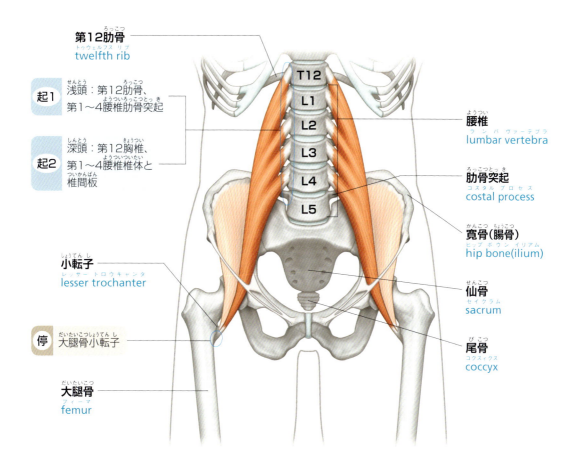

起1　浅頭：第12肋骨、第1〜4腰椎肋骨突起
起2　深頭：第12胸椎、第1〜4腰椎椎体と椎間板
停　大腿骨小転子

● 主な作用
大腿を屈曲する。大腿を固定すると体幹を前屈する。脊柱を支える。

● 支配神経
腰神経叢(L2,L3)

> **大腰筋を使う運動動作**
> 走行時、大腿を前方に振り出す。サッカーボールを前方に蹴る。
>
> **大腰筋を使う日常動作**
> 歩く。階段をのぼる。ものをまたぐため足を上げる。

第5章　腹部　鍛える筋肉

腸骨筋 (iliacus muscle)

● 腸骨筋の特徴
　寛骨の中につく。腸骨内面に起始し、外下方に走って大腿骨内側につく。筋尾は上方の大腰筋と合流していて、両者を合わせて腸腰筋と呼ぶ。大腰筋とともに、歩行時に大腿を持ち上げるはたらきをもつ。

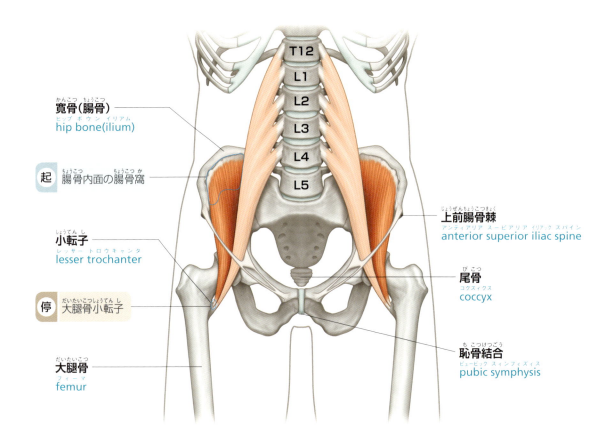

● 主な作用
大腿を屈曲する。股関節を固定する。大腿を固定すると体幹を前屈する。

● 支配神経
大腿神経（L2～L4）

　✓ 腸骨筋を使う運動動作
　　走行時、大腿を前方に振り出す。サッカーボールを前方に蹴る。

　🚶 腸骨筋を使う日常動作
　　歩く。階段をのぼる。ものをまたぐため足を上げる。

腰方形筋 (quadratus lumborum)

●腰方形筋の特徴
腰椎の両側にあり、大腰筋の背側に位置した扁平で長方形の筋。背側で肋骨と骨盤をつなぎ、体幹の運動(側屈)や呼吸に関わる。

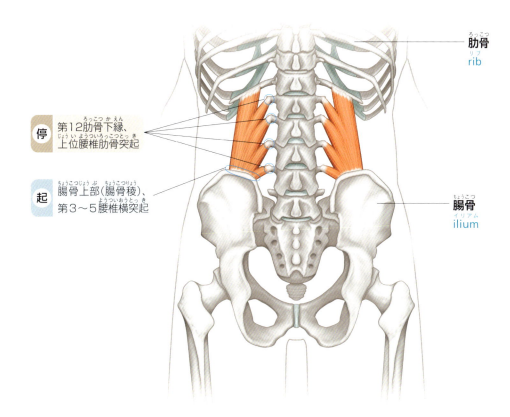

停 第12肋骨下縁、上位腰椎肋骨突起

起 腸骨上部(腸骨稜)、第3〜5腰椎横突起

肋骨 rib

腸骨 ilium

●主な作用
片側の作用により体幹の側屈をする。息を吸うときは両側の腰方形筋が同時に動き、第12肋骨を下制する。

●支配神経
肋下神経(T12)、腰神経叢(L1〜L3)

✓ 腰方形筋を使う運動動作
野球のピッチングやバッティング、ゴルフのスイングなど体をひねる動作。

🚶 腰方形筋を使う日常動作
床に置いてある荷物を片手で持ち上げるとき。

コラム

注目されはじめた腸腰筋

　腸腰筋とは、脊椎から起始する大腰筋（p.99）と腸骨から起始する腸骨筋（p.100）の総称である。これらの筋肉は集まって大腿骨内側につき、股関節を屈曲するはたらきをする。近年では、歩行や走行などに重要な筋肉として認知度も高くなったが、注目されるようになったのはそれほど昔の話ではない。

　そもそも腸腰筋は腹部の中にあるため外から触ることはできないし、どんなに鍛えても大腿四頭筋や大殿筋などのように筋肉の形が体表面にあらわれることはない。そのためか、以前はこれらの筋肉を重要視する人はほとんどいなかった。

　しかし医療検査技術が発達し、手軽にＣＴ断層撮影によってからだの断面を調べられるようになったことで、腸腰筋の重要性が明らかになってきた。ある研究者が陸上選手のＣＴ画像を調べていたところ、優れたランナーほど腸腰筋が太い傾向があることを見い出したのである。腸腰筋のはたらきを考えれば走動作に重要なことは明らかだが、その発達の度合いを可視化することができたことで、その重要性にスポットが当てられるようになったのだ。

　腸腰筋はアスリートだけでなく高齢者にとっても重要な筋肉である。腸腰筋が衰えると股関節の屈曲力が低下し、歩くときに足が十分に上がらず、低い段差にもつまづきやすくなってしまう。生涯自分の足で歩き続けるためにも、腸腰筋のトレーニングが必要なのである。

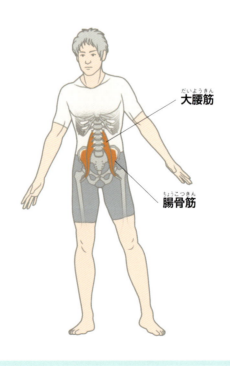
大腰筋
腸骨筋

第6章

背部

第6章　背部

背部の主な筋肉と断面

　背部の筋は大きく3層にわけることができる。もっとも表層には、人体で最大級の面積を持つ僧帽筋や広背筋がある。その下の層には、肩甲骨や肋骨の動きに関わる比較的小さい筋が数多くついている。もっとも深い層には脊柱起立筋などの固有背筋がつく。

●背部

　僧帽筋(①)は部位によって筋線維の方向が違うため、上部がはたらくと肩をすくめ、水平部(中部)(②)がはたらくと肩を後方に引き、上行部(下部)(③)がはたらくと肩を下げたり肩甲骨下角を外側に回旋する。広背筋(④)は肩甲骨、脊柱と骨盤から上腕骨についており、主に上肢を強く後下方に引く。それらの下層には、肩甲骨を内上方に引く肩甲挙筋や大・小菱形筋、肋骨を上に引く上後鋸筋、下に引く下後鋸筋がある。

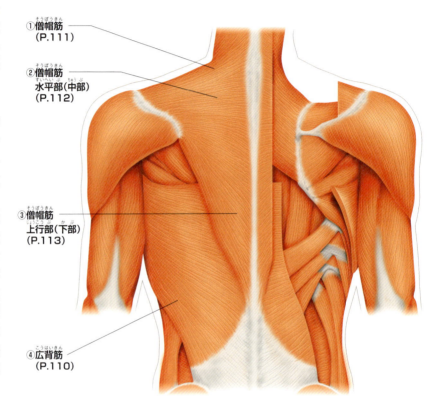

① 僧帽筋 (P.111)
② 僧帽筋 水平部(中部) (P.112)
③ 僧帽筋 上行部(下部) (P.113)
④ 広背筋 (P.110)

断面図

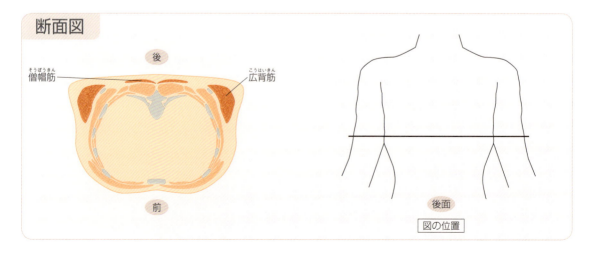

1 デッドリフト (Deadlift)

トレーニングの基本動作

①まっすぐに立ち、両足を左右に少し開く
②ひざを曲げて腰を落とし、バーベルを握る
③背中がまっすぐになるまで上体を起こす
④ゆっくりとバーベルを元の位置にもどす

トレーニングの動き

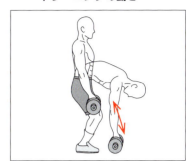

第6章 背部

僧帽筋 trapezius
脊柱起立筋(深) erector spinae
広背筋 latissimus dorsi
大殿筋 gluteus maximus
大腿二頭筋 biceps femoris

鍛える筋肉

広背筋

僧帽筋

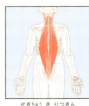
脊柱起立筋

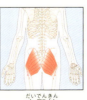
大殿筋

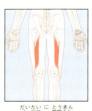
大腿二頭筋

第6章 背部

② チンニング (Chinning)

トレーニングの基本動作

①肩幅の1.5〜2倍の手幅でバーを握る（順手）
②腕の力を抜き、肘を体側に引き寄せるようにして体を引き上げる

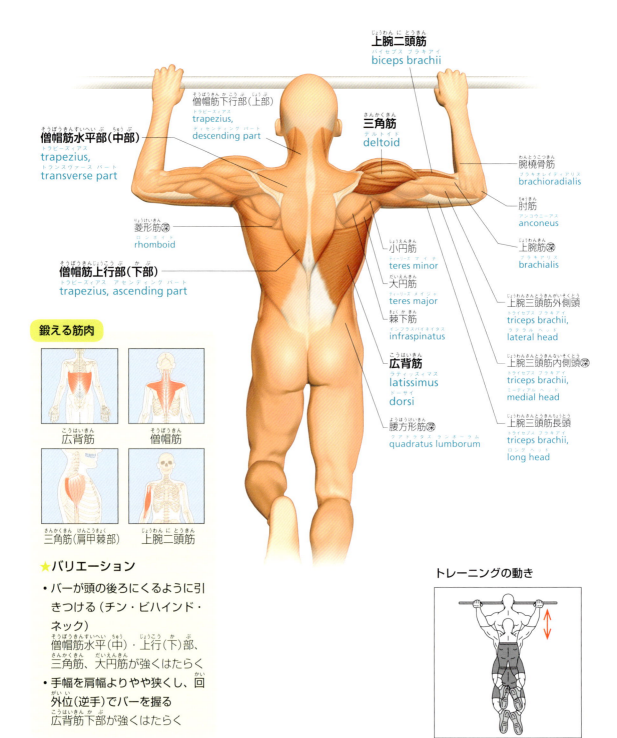

鍛える筋肉
広背筋／僧帽筋／三角筋（肩甲棘部）／上腕二頭筋

★バリエーション
- バーが頭の後ろにくるように引きつける（チン・ビハインド・ネック）
  僧帽筋水平（中）・上行（下）部、三角筋、大円筋が強くはたらく
- 手幅を肩幅よりやや狭くし、回外位（逆手）でバーを握る
  広背筋下部が強くはたらく

トレーニングの動き

❸ ベントオーバーロー（Bent Over Row）

第6章　背部

トレーニングの基本動作

①肩幅程度に足を開き、上体を45°くらいに前傾し、背筋を伸ばす

②バーベルを肩幅より少し広い手幅で、順手で持つ

③背中をまっすぐに保ち、肘関節を伸展したまま膝のあたりまで持ち上げる

④肩を外転、肘を屈曲し、バーベルが腹部につくまで肘を引き上げる

トレーニングの動き

僧帽筋
トラピーズィアス
trapezius

三角筋肩甲棘部
スパイナル パート オブ デルトイド
spinal part of deltoid

三角筋肩峰部（中央部）
アクロウミナル パート オブ デルトイド
acrominal part of deltoid

上腕三頭筋外側頭
トライセプス ブラキアイ ラテラル ヘッド
triceps brachii, lateral head

広背筋
ラティッスィマス ドーサイ
latissimus dorsi

肘筋
アンコウニーアス
anconeus

棘下筋
インフラスパイネイタス
infraspinatus

小円筋
ティーリーズ マイナ
teres minor

大円筋
ティーリーズ メイジャ
teres major

菱形筋深
ロンボイド
rhomboid

脊柱起立筋深
エレクター スパイン
erector spinae

上腕筋深
ブラキアリス
brachialis

前鋸筋
セレイタス アンティアリア
serratus anterior

外腹斜筋
イクスターナル オブリーク
external oblique

腕橈骨筋
ブラキオレイディアリス
brachioradialis

上腕二頭筋
バイセプス ブラキアイ
biceps brachii

鍛える筋肉

広背筋
こうはいきん

僧帽筋
そうぼうきん

三角筋
さんかくきん

上腕二頭筋
じょうわんにとうきん

脊柱起立筋
せきちゅうきりつきん

★バリエーション

・バーベルを回外位（逆手）に持ち、手幅は肩幅程度、脇を締めるように引き上げる
　広背筋中央部〜下部が強くはたらく

107

第6章　背部

❹ バックエクステンション・スパインストレートスタイル (Back Extension Spine Straight Style)

トレーニングの基本動作

① ローマンベンチ上で腹ばいになる
② 胸の前で手を交差し、背中を丸めて上体をたおす
③ 丸めた背中をゆっくり伸ばしながら、上体をまっすぐになるまでおこす

トレーニングの動き

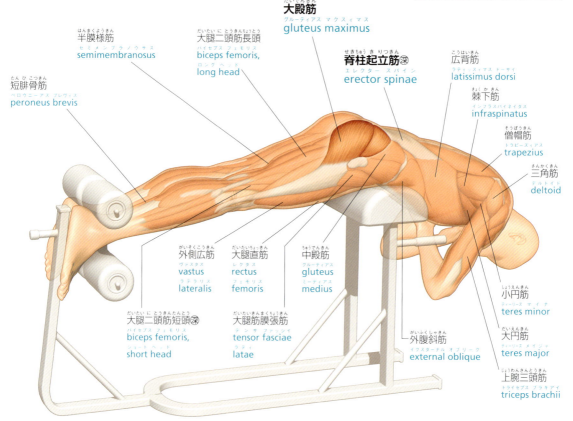

鍛える筋肉

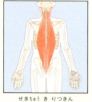
脊柱起立筋

大殿筋

★ バリエーション

- 背中をまっすぐに伸ばしたまま、股関節を伸展しておき上がる
  大殿筋とハムストリングスが強くはたらく

108

⑤ フロアープーリーロー (Floor Pulley Row)

トレーニングの基本動作

①プーリーマシンの上で上体を前傾し、腕を伸ばし両手で
　ハンドルを握る
②上体を起こしながら肩を後方に回して肘関節を屈曲し、
　ハンドルを腹に引き寄せる

第6章 背部

トレーニングの動き

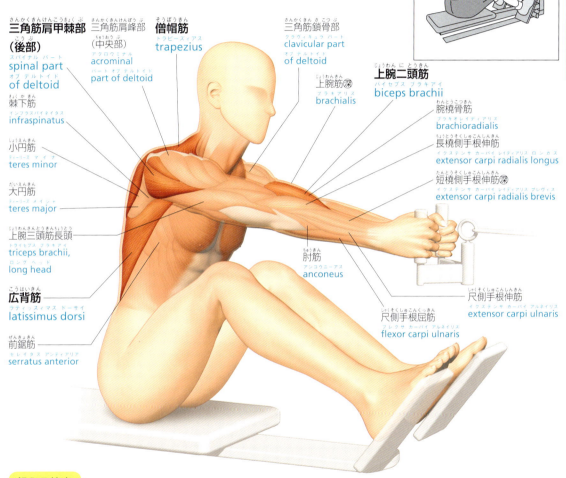

鍛える筋肉

広背筋　僧帽筋

三角筋(肩甲棘部)　上腕二頭筋

★バリエーション

・ハンドルをバーに変え、肩幅程度の手幅で(逆手)で持つ
　僧帽筋上行部(下部)、菱形筋が強くはたらく

・ハンドルをバーに変え、肩幅程度の手幅で順手で持つ
　僧帽筋水平部(中部)、三角筋肩甲棘部が強くはたらく

第6章　背部　　鍛える筋肉

広背筋 (latissimus dorsi)

● 広背筋の特徴
肩甲骨より下の背中をおおう広い筋。背部から腰部の正中に起始した筋線維は、集まって上腕骨の内側に停止する。背部にあるが、機能的には上肢の筋である。発達すると、からだの前からも両脇にこの筋が見えるようになる。

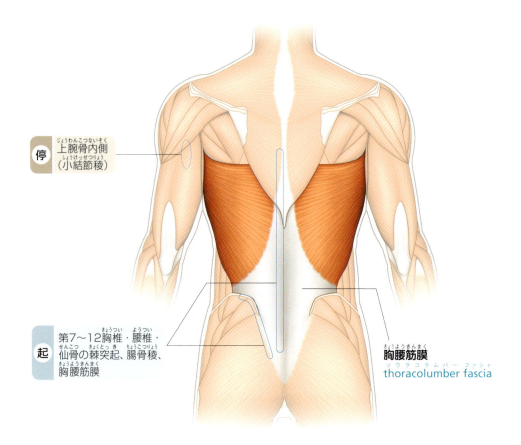

停：上腕骨内側（小結節稜）

起：第7～12胸椎・腰椎・仙骨の棘突起、腸骨稜、胸腰筋膜

胸腰筋膜
thoracolumber fascia

● 主な作用
上腕を内転、伸展、内旋する。上肢を固定すると体幹を持ち上げる。

● 支配神経
胸背神経(C6～C8)

広背筋を使う運動動作
クライミング。懸垂をする。水泳のクロールの水をかく動作の後半。

広背筋を使う日常動作
はしごをのぼる。背中をかくために手をうしろにまわす。

僧帽筋（trapezius）

●僧帽筋の特徴
首から背中の上部をおおう広い筋。上部脊椎に起始して鎖骨と肩甲骨につく。左右を合わせた形がカトリックの僧が着る頭巾（僧帽）に似ているのが名前の由来。背部にあるが、肩甲骨を動かすので機能的には上肢の筋。

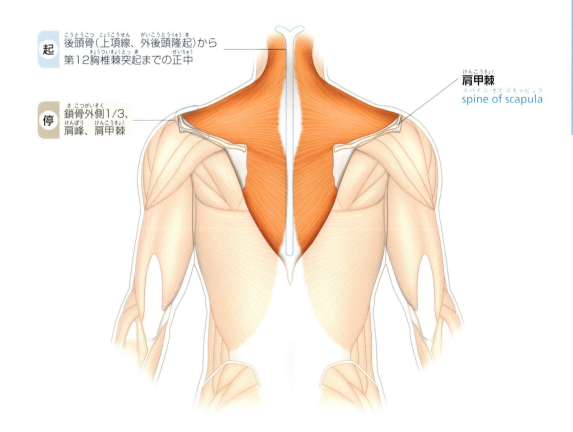

起　後頭骨（上項線、外後頭隆起）から第12胸椎棘突起までの正中

停　鎖骨外側1/3、肩峰、肩甲棘

肩甲棘　spine of scapula

●主な作用
肩を後方に引く（肩の内転）。肩甲骨を上方回旋する（上腕の90°以上の外転）。

●支配神経
運動は副神経、知覚は頸椎神経（C2～C4）

僧帽筋を使う運動動作
アーチェリーで弓を引く。水泳のバタフライのリカバリー動作。

僧帽筋を使う日常動作
胸をはる（特に水平部が作用）。挙手をする（下行部と上行部が作用）。

第6章　背部　鍛える筋肉

僧帽筋水平部(中部) (trapezius, transverse part)

●僧帽筋水平部(中部)の特徴

僧帽筋は首から背中の上部をおおう広い筋で、下行部(上部)・水平部(中部)・上行部(下部)で筋線維が走る方向が違うためはたらきも異なる。水平部(中部)は下部頸椎や上部胸椎に起始して鎖骨と肩甲骨につく部分で、肩甲骨を後方に引くはたらきがある。

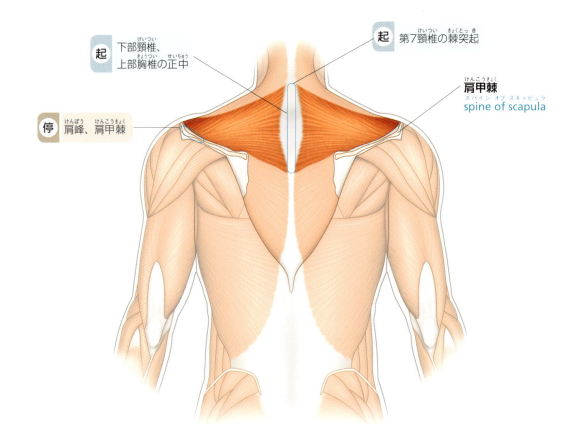

起　下部頸椎、上部胸椎の正中
起　第7頸椎の棘突起
停　肩峰、肩甲棘
肩甲棘 spine of scapula

●主な作用
肩甲骨を後方に引き、胸を反らす。

●支配神経
運動は副神経、知覚は頸椎神経(C2～C4)

僧帽筋水平部(中部)を使う運動動作
アーチェリーで弓を引く。水泳のバタフライのリカバリー動作。

僧帽筋水平部(中部)を使う日常動作
胸をはって良い姿勢をとる。

僧帽筋上行部（下部）(trapezius, ascending part)

●僧帽筋上行部（下部）の特徴
僧帽筋は首から背中の上部をおおう広い筋で、下行部（上部）・水平部（中部）・上行部（下部）で筋線維が走る方向が違うためはたらきも異なる。上行部（下部）は中部から下部胸椎に起始して肩甲骨につく部分で、肩甲棘内側を下に引くはたらきがある。

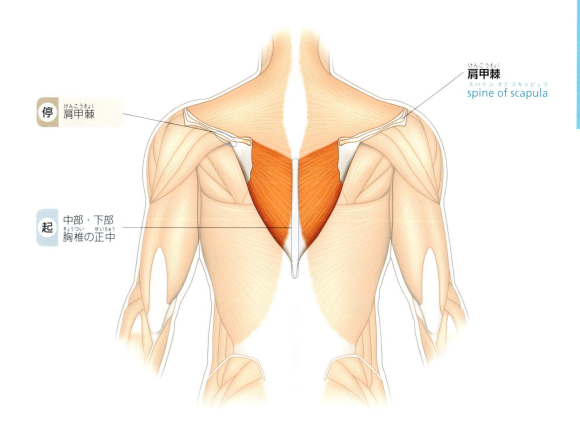

停　肩甲棘
起　中部・下部胸椎の正中
肩甲棘　spine of scapula

●主な作用
肩甲骨を下制する。下行部（上部）とともに作用して肩甲骨を上方回旋する。

●支配神経
運動は副神経、知覚は頸椎神経（C2～C4）

僧帽筋上行部（下部）を使う運動動作
懸垂をする。バレーボールでブロックをする。

僧帽筋上行部（下部）を使う日常動作
手を高く上げ、遠くの人にバイバイをする。

コラム

アスリートは感染に強いのか

　からだを鍛えている人は風邪をひきにくいというイメージを持っている人は多い。それは本当だろうか。

　風邪をひきにくい、つまりウイルスなどの感染に強いというのは、からだを感染から守る免疫の機能が高いということだ。免疫の機能は白血球が担っているが、白血球には違う役割を持ついくつかの仲間がいて、みごとなまでの連携攻撃でウイルスなどの侵入者を撃退する。免疫機能のよしあしを決めるのはそれらの白血球の数やはたらきだが、中でも注目されるのはナチュラルキラー細胞（NK細胞）と呼ばれる白血球である。NK細胞はいわば一匹狼で、司令官の命令がなくても独自の判断でウイルスに感染してしまった細胞を破壊してウイルスの蔓延を防ぐ。さらに、毎日のようにからだのどこかで発生しているがん細胞を壊すはらたきもある。

　さまざまな研究により、運動をすると血液中のNK細胞が一時増加し、運動後に減少することがわかっている。増加と減少の幅は運動強度などの条件によって変わってくるが、問題なのは激しい運動の場合で、疲れ果てるほどの運動をしたあとは、NK細胞が運動前のレベルより少なくなってしまうという。きつい練習を続ける合宿中やマラソンなどの高強度の運動のあとは感染に弱い状態になっている可能性があり、感染予防に十分な注意をはらう必要がある。

　その一方で、日頃から適度な運動をする習慣がある人はNK細胞のはたらきが標準よりもよいとする報告もある。状況によっては「からだを鍛えている人は風邪をひきにくい」というイメージも間違いではないらしい。

第7章

下肢

第7章　下肢

下肢の主な筋肉と断面

　殿部には大殿筋と中殿筋などの股関節の運動に関わる大小の筋がついている。大腿部の筋は、前面の大腿四頭筋、後面のハムストリングス、内側の内転筋群にわけられる。下腿の筋は、前面の前脛骨筋と後面の下腿三頭筋が重要である。

●下肢の前面

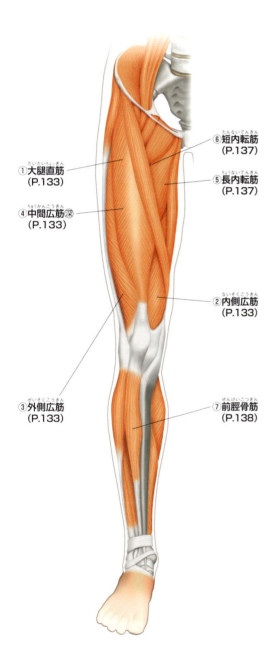

①大腿直筋（P.133）
④中間広筋（深）（P.133）
②内側広筋（P.133）
③外側広筋（P.133）
⑥短内転筋（P.137）
⑤長内転筋（P.137）
⑦前脛骨筋（P.138）

　大腿前面にある大腿四頭筋は人体最大級の筋のひとつで、膝を強く伸展する筋である。大腿直筋（①）、内側広筋（②）、外側広筋（③）、中間広筋（④）（他の筋頭の下層に隠れている）という4つの筋頭からなり、筋尾はまとまって腱となって膝蓋骨を包み、膝蓋腱となって脛骨につく。
　また大腿前面には、人体最長の筋である縫工筋や、内転筋群の長内転筋（⑤）や短内転筋（⑥）が見える。下腿前面に触れる脛骨の外側には、足関節を背屈させる前脛骨筋（⑦）がある。

●下肢の後面

殿部をおおう大殿筋(⑧)は人体最大級の筋のひとつで、股関節を強く伸展する。大殿筋におおわれた形で中殿筋(⑨)がある。

大腿部の大腿二頭筋(⑩)、半腱様筋(⑪)、半膜様筋(⑫)はまとめてハムストリングスとも呼ばれ、いずれも膝の屈筋である。内側には股関節を内転する大内転筋(⑬)が見える。

下腿の下腿三頭筋は、表層に位置する2つの腓腹筋(⑭)と下層の平たいヒラメ筋(⑮)の3頭からなる。筋尾はまとまってアキレス腱(踵骨腱)となって踵骨についており、足関節を強く底屈させるはたらきを持つ。

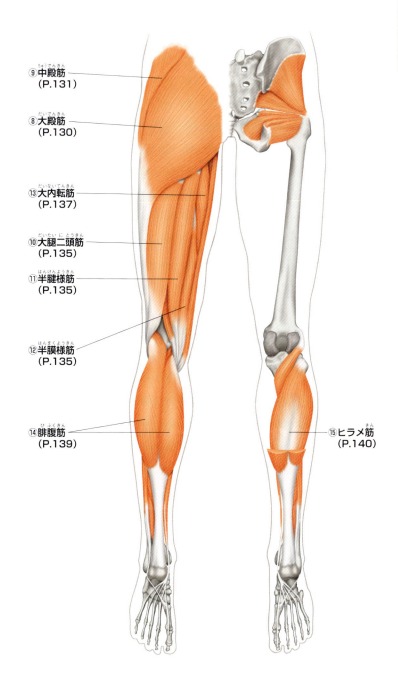

⑨ 中殿筋 (P.131)
⑧ 大殿筋 (P.130)
⑬ 大内転筋 (P.137)
⑩ 大腿二頭筋 (P.135)
⑪ 半腱様筋 (P.135)
⑫ 半膜様筋 (P.135)
⑭ 腓腹筋 (P.139)
⑮ ヒラメ筋 (P.140)

第7章　下肢

●断面図

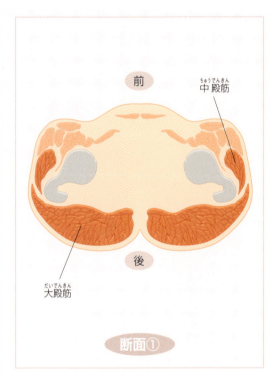

断面①

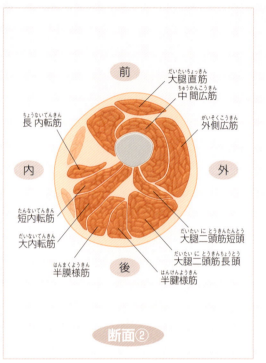

断面②

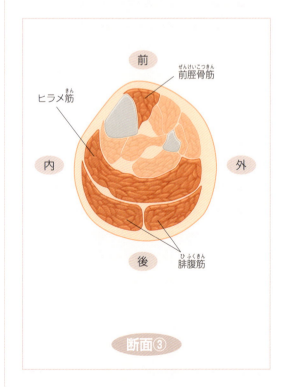

断面③

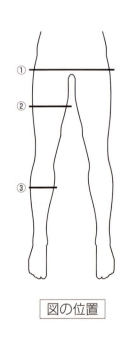

図の位置

❶ スクワット (Squat)

トレーニングの基本動作

①僧帽筋の上にバーをのせ、バーを手で握り、肘は後ろにひく
②足を肩幅より広めに開き、つま先を少し外側に向ける
③背筋を伸ばし、顔は正面を向き、股関節と膝関節を屈曲しながら体をやや前方に傾ける
④太ももが水平になるまでしゃがみ、立ち上がる

トレーニングの動き

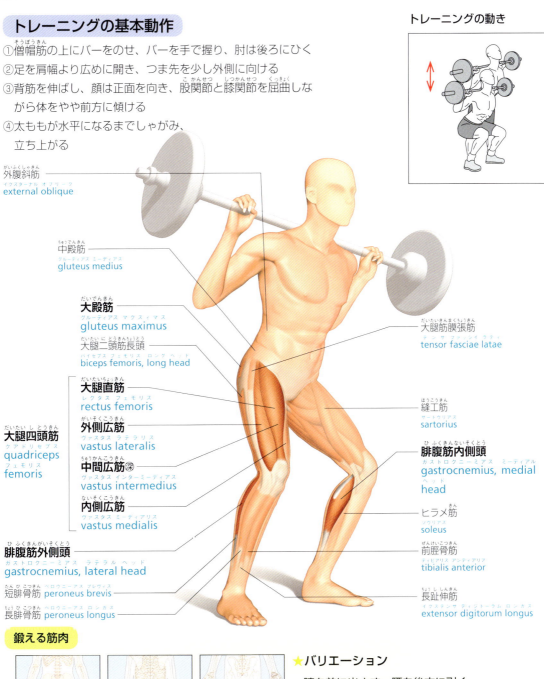

- 外腹斜筋 external oblique
- 中殿筋 gluteus medius
- **大殿筋** gluteus maximus
- 大腿二頭筋長頭 biceps femoris, long head
- **大腿直筋** rectus femoris
- 外側広筋 vastus lateralis
- **大腿四頭筋** quadriceps femoris
- 中間広筋(深) vastus intermedius
- 内側広筋 vastus medialis
- 腓腹筋外側頭 gastrocnemius, lateral head
- 短腓骨筋 peroneus brevis
- 長腓骨筋 peroneus longus
- 大腿筋膜張筋 tensor fasciae latae
- 縫工筋 sartorius
- 腓腹筋内側頭 gastrocnemius, medial head
- ヒラメ筋 soleus
- 前脛骨筋 tibialis anterior
- 長趾伸筋 extensor digitorum longus

鍛える筋肉

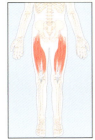

大腿四頭筋

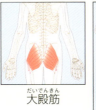

大殿筋

腓腹筋

★バリエーション

- 膝を前に出さず、腰を後方に引く
  大殿筋が強く刺激される
- 足幅を肩幅よりも広くする
  大腿四頭筋基部をより使う

第7章　下肢

❷ スプリットスクワット (Split Squat)

トレーニングの基本動作

① 足を前後に開き、つま先と膝の方向をまっすぐにして立つ。バーベルをかついだり、ダンベルを持ったりしてもよい
② 上体を垂直に保ちながら、腰を落とす
③ 前後の足に力が均等にかかるようにして、立ち上がる

トレーニングの動き

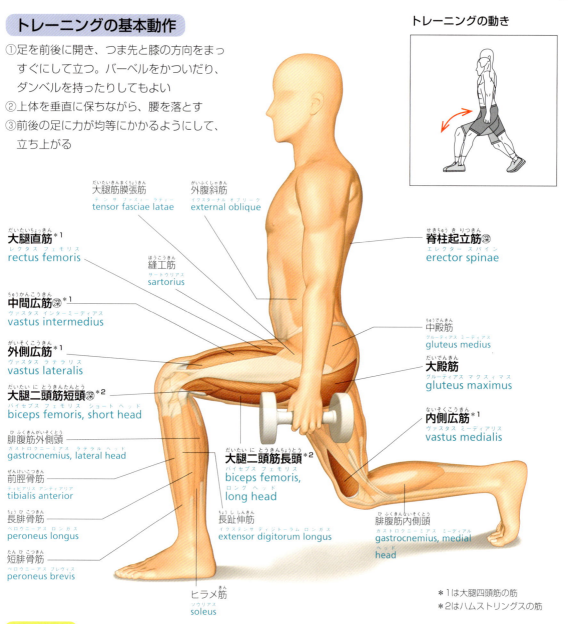

- 大腿筋膜張筋 tensor fasciae latae
- 外腹斜筋 external oblique
- 大腿直筋*1 rectus femoris
- 縫工筋 sartorius
- 中間広筋*1 vastus intermedius
- 外側広筋*1 vastus lateralis
- 大腿二頭筋短頭*2 biceps femoris, short head
- 腓腹筋外側頭 gastrocnemius, lateral head
- 前脛骨筋 tibialis anterior
- 長腓骨筋 peroneus longus
- 短腓骨筋 peroneus brevis
- 脊柱起立筋 erector spinae
- 中殿筋 gluteus medius
- 大殿筋 gluteus maximus
- 内側広筋*1 vastus medialis
- 大腿二頭筋長頭*2 biceps femoris, long head
- 長趾伸筋 extensor digitorum longus
- 腓腹筋内側頭 gastrocnemius, medial head
- ヒラメ筋 soleus

*1は大腿四頭筋の筋
*2はハムストリングスの筋

鍛える筋肉

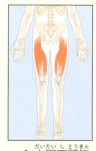
*1 大腿四頭筋

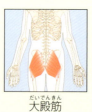
大殿筋
*2 ハムストリングス

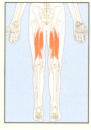
脊柱起立筋

★バリエーション

- 両手に同じ重さのダンベルを持ち、負荷をかける
  大腿四頭筋と大殿筋が強くはたらく
- 後ろ足をいすの座面にのせる
  内転筋もはたらく。膝の安定性の向上に効果がある

120

❸ フォワードランジ (Forward Lunge)

第7章 下肢

トレーニングの基本動作

①両足を少し開き直立する（バーベルや、ダンベルを持ってもよい）
②片足を一歩前に踏み出し、からだを垂直に保ちながら踏み出した側の大腿部が水平になるまで膝関節を屈曲する
③踏み出した側の股関節と膝関節を伸展し、元の位置にもどる

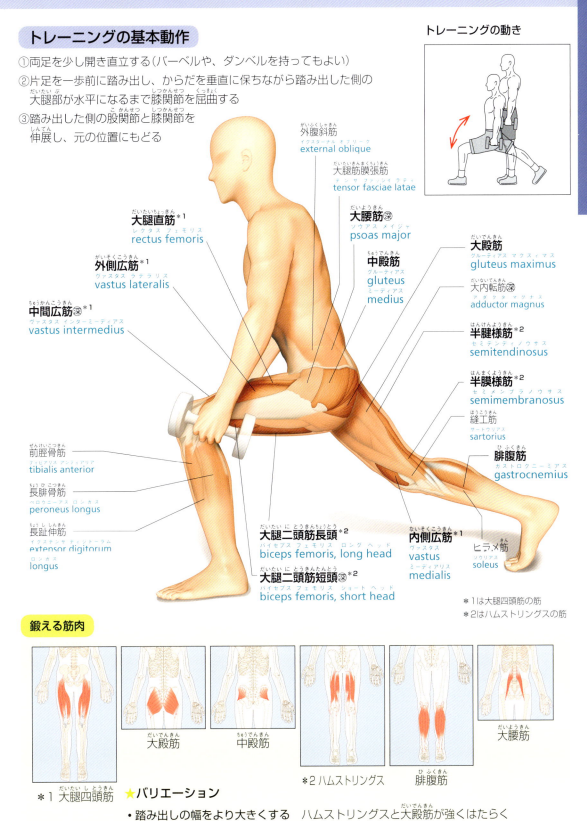

トレーニングの動き

- 外腹斜筋 external oblique
- 大腿筋膜張筋 tensor fasciae latae
- 大腿直筋*1 rectus femoris
- 大腰筋㊇ psoas major
- 大殿筋 gluteus maximus
- 外側広筋*1 vastus lateralis
- 中殿筋 gluteus medius
- 大内転筋㊇ adductor magnus
- 中間広筋㊇*1 vastus intermedius
- 半腱様筋*2 semitendinosus
- 半膜様筋*2 semimembranosus
- 縫工筋 sartorius
- 前脛骨筋 tibialis anterior
- 腓腹筋 gastrocnemius
- 長腓骨筋 peroneus longus
- 長趾伸筋 extensor digitorum longus
- 大腿二頭筋長頭*2 biceps femoris, long head
- 内側広筋*1 vastus medialis
- ヒラメ筋 soleus
- 大腿二頭筋短頭㊇*2 biceps femoris, short head

*1は大腿四頭筋の筋
*2はハムストリングスの筋

鍛える筋肉

*1 大腿四頭筋 ／ 大殿筋 ／ 中殿筋 ／ *2 ハムストリングス ／ 腓腹筋 ／ 大腰筋

★バリエーション
・踏み出しの幅をより大きくする　ハムストリングスと大殿筋が強くはたらく

121

第7章 下肢

❹ レッグプレス (Leg Press)

トレーニングの基本動作

① マシンに乗り、プレートに腰幅〜肩幅くらいの幅で足をおく
② プレートをストッパーからはずしたら、大腿部が胸につく手前のところまで股関節と膝を屈曲する
③ 足の裏全体でプレートを押し上げ、膝を完全に伸展する

トレーニングの動き

鍛える筋肉

主な筋肉:
- 前脛骨筋 tibialis anterior
- 長趾伸筋 extensor digitorum longus
- 長腓骨筋 peroneus longus
- ヒラメ筋 soleus
- 腓腹筋 gastrocnemius
- 中間広筋*1 vastus intermedius
- 大腿二頭筋短頭*2 biceps femoris, short head
- 内側広筋*1 vastus medialis
- 外側広筋*1 vastus lateralis
- 大腿直筋*1 rectus femoris
- 大腿筋膜張筋 tensor fasciae latae
- 大腿二頭筋長頭*2 biceps femoris, long head
- 大殿筋 gluteus maximus

*1は大腿四頭筋の筋
*2はハムストリングスの筋

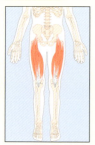
*1 大腿四頭筋

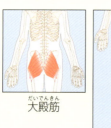
大殿筋

*2 ハムストリングス

★ バリエーション

・足を高い位置に置く
　大殿筋とハムストリングスが強くはたらく

・足を低い位置に置く
　大腿四頭筋が強くはたらく

⑤ トーレイズ (Toe Raises)

トレーニングの基本動作

①かかとを支点にして、つま先を限界まで上げる
②つま先を元の位置にもどす

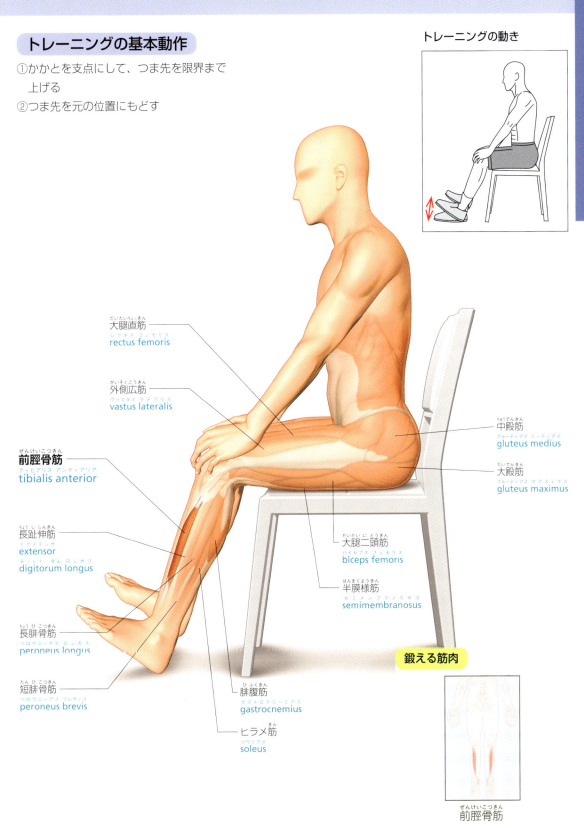

第7章　下肢

❻ ニーアップ (Knee Up)

トレーニングの基本動作

①まっすぐに立つ
②片方の太ももを水平より少し高く上げ、膝関節は自然に屈曲する
③足を下げ、反対側を行う

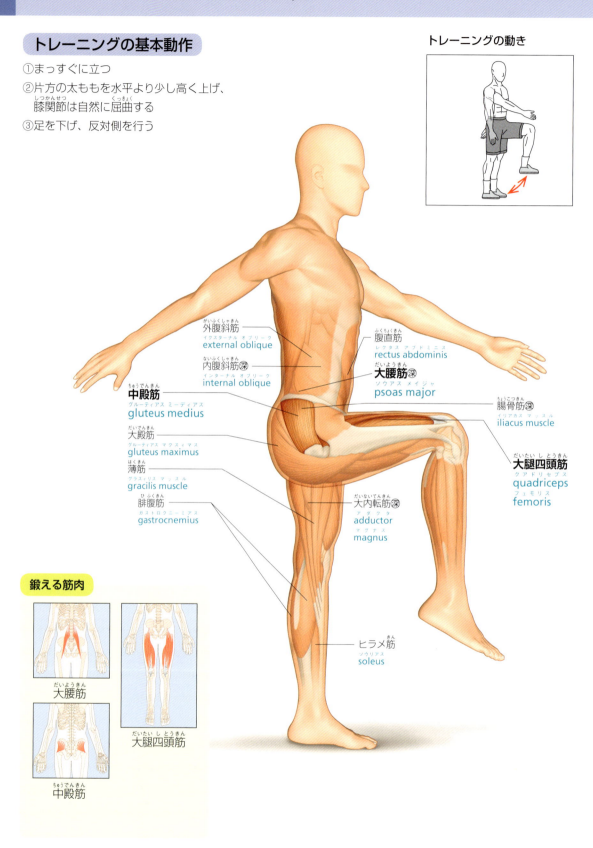

トレーニングの動き

鍛える筋肉
- 大腰筋
- 大腿四頭筋
- 中殿筋

7 バックキック (Back Kick)

トレーニングの基本動作

①両肘、両膝を床につく
②片足を胸の下に引き寄せる
③引き寄せた足の股関節と膝関節を伸展する
④再び足を胸に引き寄せ、次を行う

トレーニングの動き

第7章 下肢

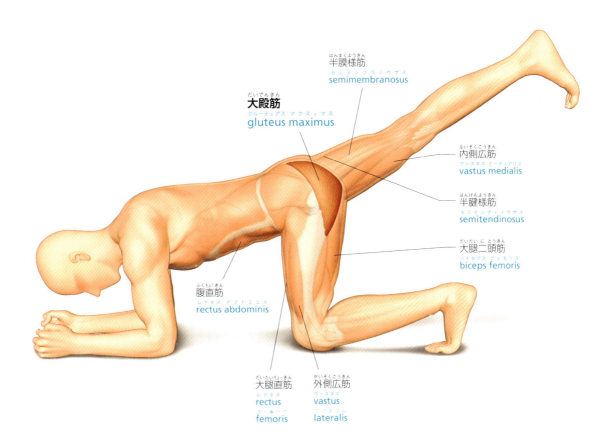

- 半膜様筋 semimembranosus
- 大殿筋 gluteus maximus
- 内側広筋 vastus medialis
- 半腱様筋 semitendinosus
- 大腿二頭筋 biceps femoris
- 腹直筋 rectus abdominis
- 大腿直筋 rectus femoris
- 外側広筋 vastus lateralis

鍛える筋肉

大殿筋

★バリエーション
- 足を伸ばすとき、膝関節は屈曲のままにする
  大殿筋が強く刺激される

第7章　下肢

8 アダクション (Adduction)

トレーニングの基本動作

①柱などに固定したチューブを足首よりやや上の高さに設定する
　軸足に重心をかけ、バランスをくずさないよう
　軸足側の手はバーなどをつかんでおく
②負荷のかかる足を外側から内側へ、軸足の前で
　交差するまで大きく動かす
③足をゆっくり元の位置にもどす

トレーニングの動き

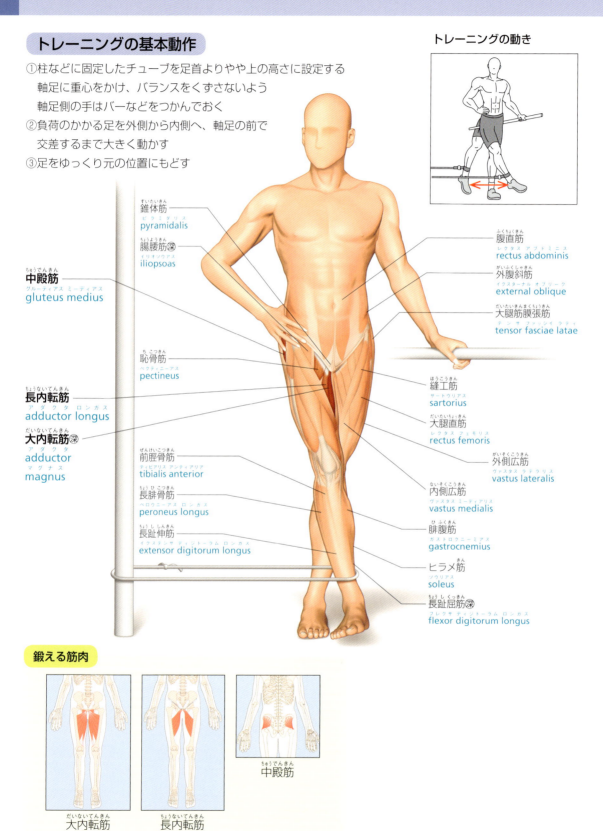

鍛える筋肉

大内転筋　　長内転筋　　中殿筋

⑨ レッグエクステンション (Leg Extension)

トレーニングの基本動作

①マシンにすわり足関節をマシンのロールの下に入れる
②膝関節を伸展し、水平まで持ち上げる

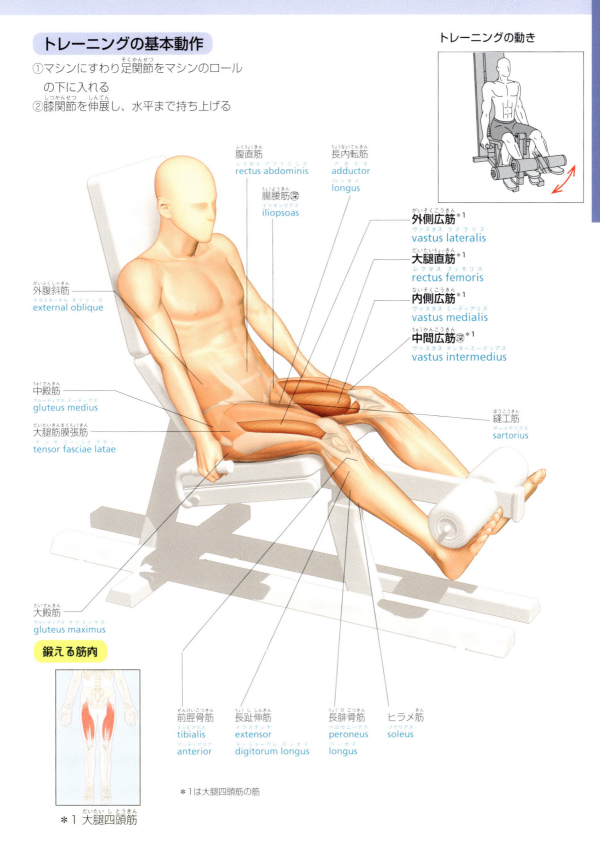

*1 大腿四頭筋
*1は大腿四頭筋の筋

第7章　下肢

⑩ ライイング・レッグカール (Lying Leg Curl)

トレーニングの基本動作

① マシンにうつぶせになり、手はサイドのグリップを握る
② 足関節をマシンのロールの下に入れる
③ 両膝関節を同時に屈曲し、ロールがおしりにつくまで曲げる
④ 足を元の位置にもどす

トレーニングの動き

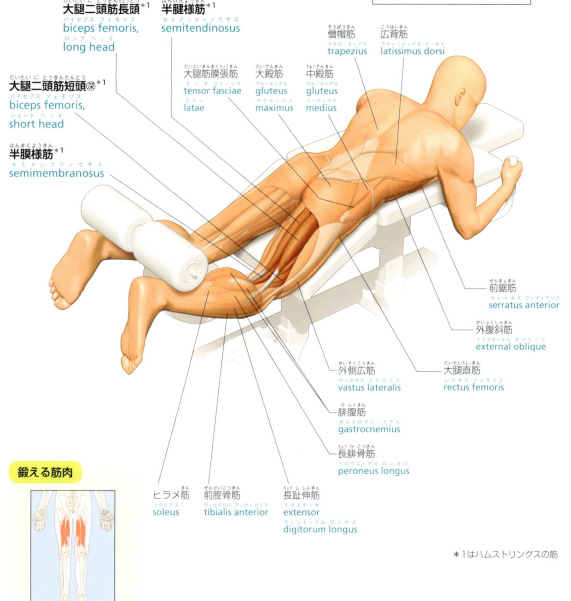

鍛える筋肉

*1 ハムストリングス

*1はハムストリングスの筋

⑪ カーフレイズ (Calf Raise)

トレーニングの基本動作

① マシンにのり、両肩をマシンのロールにあてる
② つま先を台にのせ、かかとを上げてつま先立ちする（足関節を底屈する）
③ 元の位置にもどすときはなるべくかかとを低い位置まで落とす

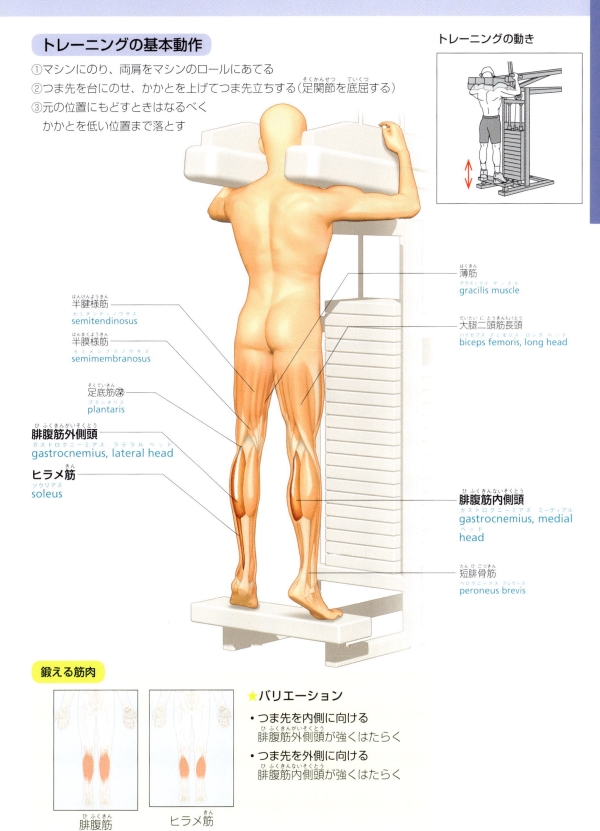

鍛える筋肉

腓腹筋 / ヒラメ筋

★バリエーション

・つま先を内側に向ける
　腓腹筋外側頭が強くはたらく
・つま先を外側に向ける
　腓腹筋内側頭が強くはたらく

第7章 下肢

第7章　下肢　鍛える筋肉

大殿筋（gluteus maximus）

●大殿筋の特徴
お尻のふくらみをつくる筋。からだの中でもっとも強い筋のひとつ。腸骨と仙骨・尾骨に起始して外下方に走り、大腿骨と腸脛靱帯（腸骨から脛骨に走る帯状の腱様膜）につく。大腿を伸展するはたらきがある。

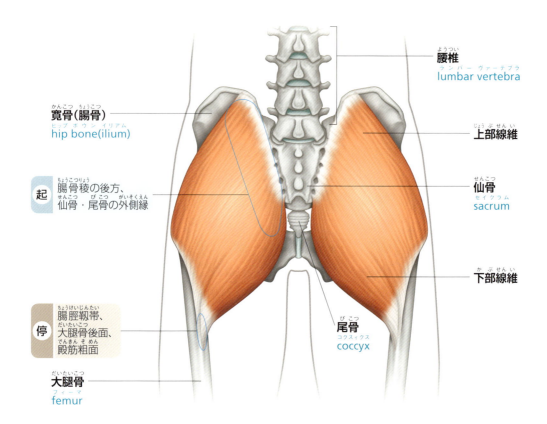

●主な作用
大腿を伸展する。腸脛靱帯を緊張させ、膝関節を伸展して固定する。

●支配神経
下殿神経（L5,S1,S2）

大殿筋を使う運動動作
足を後方に蹴り出して走る。ジャンプする。自転車のペダルを踏み込む。

大殿筋を使う日常動作
階段をのぼる。高い台に乗る。骨盤の前傾を防いで良い姿勢を保つ。

中殿筋 (gluteus medius)

● 中殿筋の特徴
骨盤の腸骨稜の外側につく三角形の筋。後部は大殿筋におおわれている。この筋の下層にある小殿筋とともに大腿の外転を行う。前部の線維は大腿の屈曲や内旋を、後部の線維は大腿の伸展や外旋を助ける。

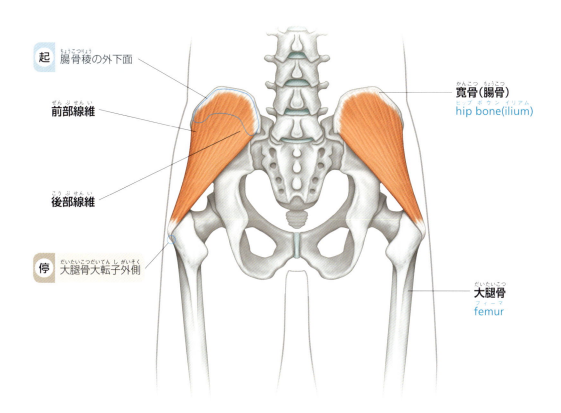

起 腸骨稜の外下面
前部線維
後部線維
停 大腿骨大転子外側
寛骨(腸骨) hip bone(ilium)
大腿骨 femur

● 主な作用
大腿を外転する。大腿の屈曲や伸展も補助する。片方：骨盤を側屈する。

● 支配神経
上殿神経(L4,L5,S1)

中殿筋を使う運動動作
スケートで横方向に足を蹴り出す。片脚立ちでバランスをとる。

中殿筋を使う日常動作
歩行時に、着地した足の側の骨盤を下げ、反対側の骨盤を上げる。

第7章 下肢　鍛える筋肉

大腿四頭筋 (quadriceps femoris)

● 大腿四頭筋の特徴
大腿前面にある大きな筋で、大腿直筋、内側広筋、外側広筋、中間広筋からなる。下腿を伸展させるはたらきがある。4つの筋の筋尾は合流して四頭筋腱となり、膝蓋骨を包んで走り、膝蓋腱（膝蓋靱帯）となって脛骨粗面に停止する。

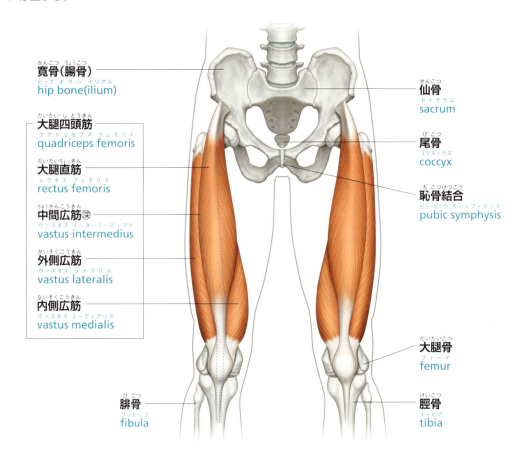

● 主な作用
下腿を伸展する。外側広筋は下腿の外旋、内側広筋は下腿の内旋を助ける。

● 支配神経
大腿神経（L2〜L4）

大腿四頭筋を使う運動動作
走る。ジャンプする。ボールを蹴る。水泳の平泳ぎのキック。

大腿四頭筋を使う日常動作
歩行時、走行時に足を前に振り出す。中腰の姿勢になる。

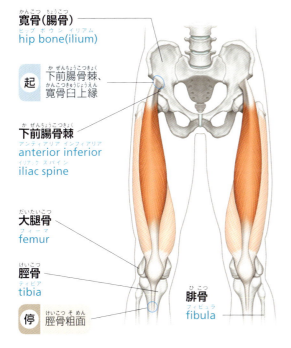

大腿直筋（rectus femoris）

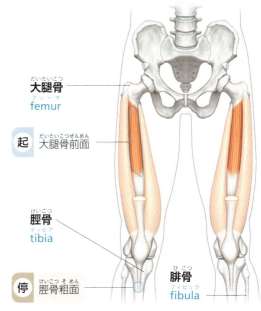

中間広筋（vastus intermedius）

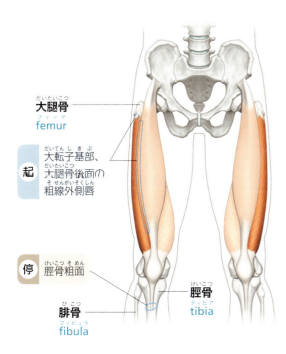

外側広筋（vastus lateralis）

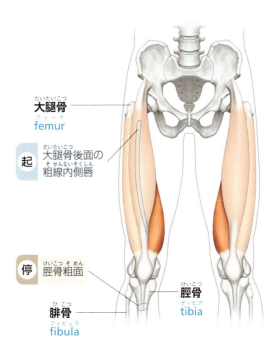

内側広筋（vastus medialis）

第7章　下肢　鍛える筋肉

ハムストリングス (hamstrings)

●ハムストリングスの特徴
　ハムストリングスとは、大腿後面にある大腿二頭筋と、半膜様筋、半腱様筋のこと。下腿を屈曲するはたらきがある。豚肉などのハムを吊るすときにこれらの筋をヒモ（ストリング）にしたのが名前の由来との説がある。

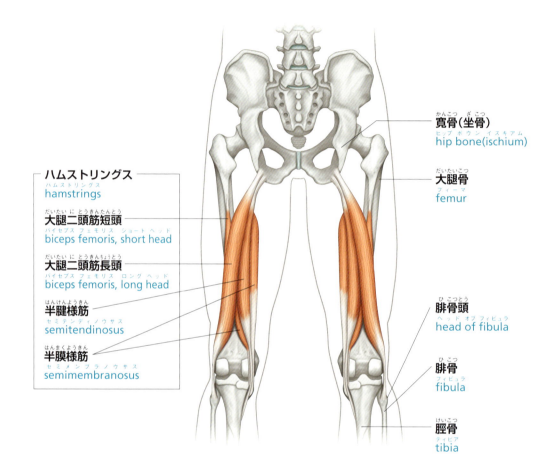

●主な作用
下腿を屈曲し、大腿を伸展する。大腿四頭筋とともに股関節と膝を支える。

●支配神経
脛骨神経(L5,S1)。大腿二頭筋は総腓骨神経(L4,L5,S1)も。

ハムストリングスを使う運動動作
強く地面を蹴って速く走る。走行の着地時に股関節と膝を支える。

ハムストリングスを使う日常動作
椅子から立ち上がる。大股で歩く。

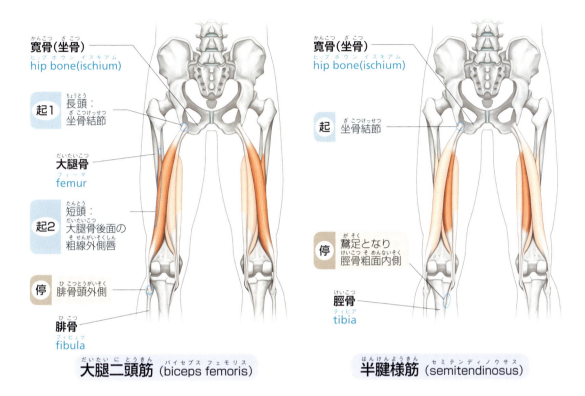

大腿二頭筋 (biceps femoris)　　　半腱様筋 (semitendinosus)

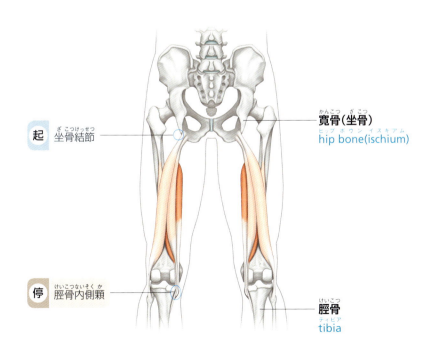

半膜様筋 (semimembranosus)

第7章　下肢　　鍛える筋肉

内転筋群(adductors)

●内転筋群の特徴
　内転筋群とは、大腿を内転するはたらきがある筋のことで、いずれも大腿の内側に位置している。特に長内転筋、短内転筋、大内転筋の3つが大きく強力である。ほかに恥骨筋、薄筋なども大腿の内転筋群である。

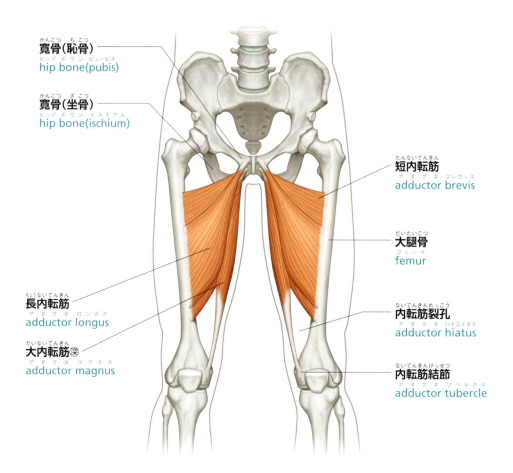

●主な作用
大腿を内転、屈曲する。大内転筋は大腿の内旋や外旋を助けるはたらきも持つ。

●支配神経
閉鎖神経(L2〜L4)。大内転筋は坐骨神経(L4)も。

内転筋群を使う運動動作
乗馬で馬の胴を下肢ではさむ。水泳の平泳ぎのキック。

内転筋群を使う日常動作
両膝をつけてまっすぐ立つ。歩行時にガニ股にならないようにする。

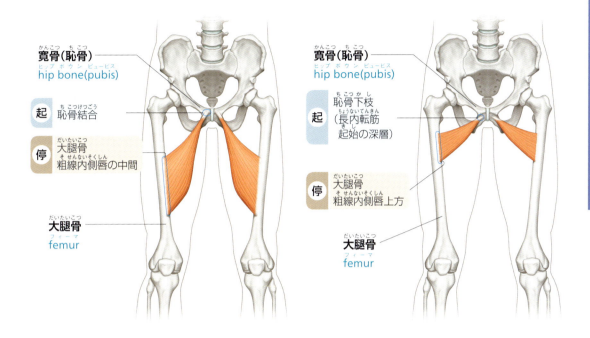

長内転筋 (adductor longus)

短内転筋 (adductor brevis)

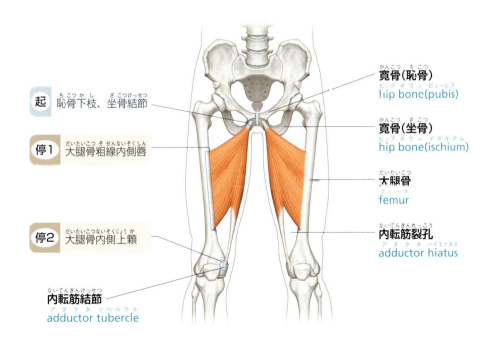

大内転筋 (adductor magnus)

第7章　下肢　鍛える筋肉

前脛骨筋 (tibialis anterior)

●前脛骨筋の特徴
　下腿前面にある筋。スネの表面に硬く触れる脛骨の外側に位置している。脛骨に起始して下腿をやや内側に下行し、足部の内側につく。歩行の際に、前方に振り出した足のつま先を持ち上げ、つまずかないようにする。

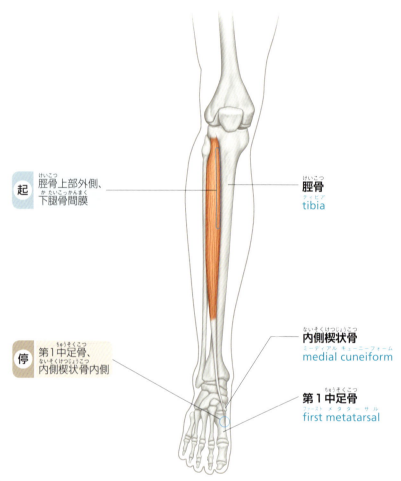

起：脛骨上部外側、下腿骨間膜
停：第1中足骨、内側楔状骨内側

脛骨　tibia
内側楔状骨　medial cuneiform
第1中足骨　first metatarsal

●主な作用
足関節を背屈、内反する。拮抗筋の下腿三頭筋とともに足関節を固定する。

●支配神経
深腓骨神経(L4,L5)

前脛骨筋を使う運動動作
スキージャンプでスキー板の前方を持ち上げる。

前脛骨筋を使う日常動作
歩行時、前に振り出した足のつま先を上げる(つまずかないようにする)。

腓腹筋 (gastrocnemius)

●腓腹筋の特徴

腓腹筋は、ふくらはぎをつくる下腿三頭筋の表層に位置する2つの筋頭のこと。筋尾はもうひとつの筋頭であるヒラメ筋と合流して太く強いアキレス腱（踵骨腱）となり、踵骨につく。足関節を底屈する強力な筋である。

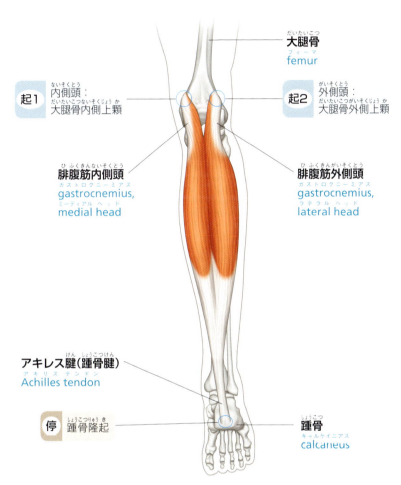

●主な作用

足関節を底屈する。立位で前脛骨筋とともに足関節を固定する。

●支配神経

脛骨神経(S1,S2)

腓腹筋を使う運動動作

走行時、足で地面を強く蹴る。水泳の平泳ぎのキックの最後の蹴り。

腓腹筋を使う日常動作

高いところのものを取るためつま先立ちをする。全身でのびをする。

第7章　下肢　鍛える筋肉

ヒラメ筋 (soleus)

●ヒラメ筋の特徴
　ヒラメ筋は、3つの筋頭を持つ下腿三頭筋のうち深層に位置する筋。筋尾はほかの2つの部分である腓腹筋と合流して太く強いアキレス腱(踵骨腱)となり、踵骨につく。足関節を底屈する強力な筋である。

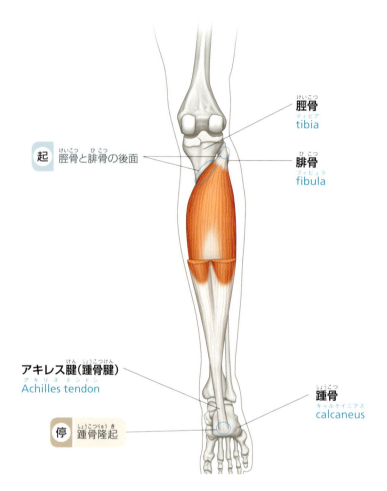

●主な作用
足関節を底屈する。立位で前脛骨筋とともに足関節を固定する。

●支配神経
脛骨神経(S1,S2)

> 🦵 **ヒラメ筋を使う運動動作**
> 走行時、足で地面を強く蹴る。水泳の平泳ぎのキックの最後の蹴り。
>
> 🚶 **ヒラメ筋を使う日常動作**
> 高いところのものを取るためつま先立ちをする。全身でのびをする。

第8章

スポーツ中の筋肉の動き

第8章 スポーツ中の筋肉の動き

野球 —ボールを投げる—

● 動作と筋肉

　下肢の筋肉はほぼすべて使われるが、特に重要なのは、前方に下肢を踏み出して着地したときに膝を支える筋群で、大腿四頭筋およびハムストリングスと、膝が体幹の回旋する力によって外側に倒れたり流れたりしないように支える内転筋群である。

　強いボールを投げるために最も重要な動作は体幹まわりの骨盤の回旋であり、これには大殿筋がはたらく。ここで生み出された大きなエネルギーが、外腹斜筋などの体幹の筋、大胸筋や肩の内旋筋、上腕三頭筋などの上肢の筋へと順に伝えられていく。

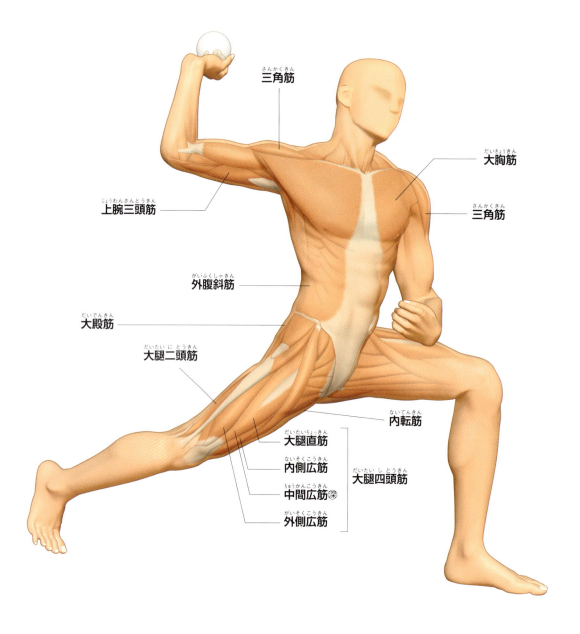

野球 —ボールを打つ—

●動作と筋肉

　下肢の筋肉は、体幹や骨盤を回旋するため、主に右大殿筋や右ハムストリングス、右下腿三頭筋などが力を発揮する。左の大腿四頭筋や内転筋群を中心とした筋群に加え、右下肢の筋群も協同してはたらく。骨盤の回旋が大きなエネルギーを生み出し、それが体幹から上肢へと順に伝えられる点は投球動作と同じである。

　右バッターの場合、バットを振り出すには、特に右の三角筋前部や大胸筋、上腕三頭筋に加え、肩周辺の筋群がはたらく。

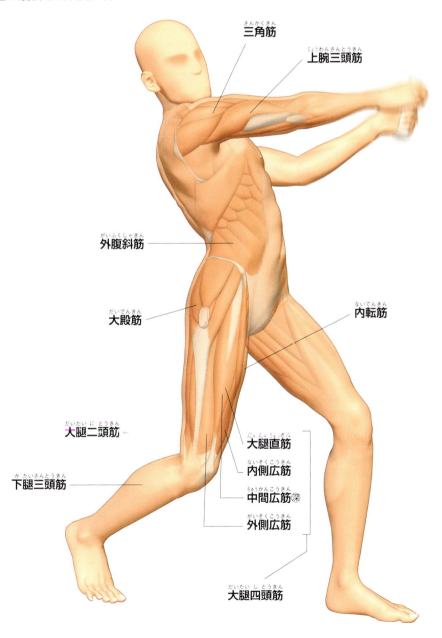

第8章　スポーツ中の筋肉の動き

サッカー　―ボールを蹴る―

●動作と筋肉

　支持するほうの下肢では、膝を軽い屈曲位で体重を支える大腿四頭筋や内転筋群、下腿三頭筋などが、また骨盤を支える中殿筋や大殿筋がはたらく。

　蹴るほうの下肢では、後方から前方に振り出すときに腸腰筋（大腰筋、腸骨筋）や大腿四頭筋がはたらく。またこれらの動作の間、腹直筋や外・内腹斜筋からなる腹筋群が体幹と腹部を支えている。

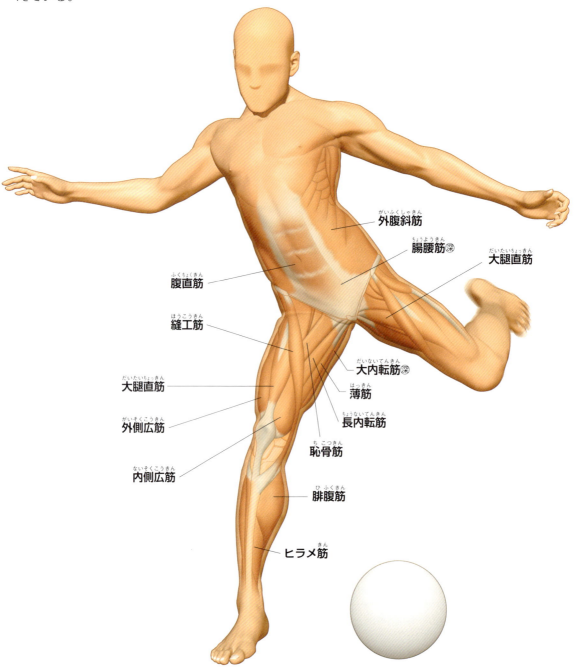

●動作と筋肉

インパクトの瞬間は、主に大腿四頭筋(だいたいしとうきん)や前脛骨筋(ぜんけいこつきん)がはたらく。ボールを足の内側で蹴る場合は、下肢(かし)を外旋(がいせん)する大殿筋(だいでんきん)や中殿筋後部(ちゅうでんきんこうぶ)、梨状筋(りじょうきん)などの骨盤の筋群、大腿二頭筋(だいたいにとうきん)などがはたらく。

足部の外側で蹴る場合は、中殿筋前部(ちゅうでんきんぜんぶ)や大腿筋膜張筋(だいたいきんまくちょうきん)、縫工筋(ほうこうきん)などが下肢を内旋(ないせん)、股関節(こかんせつ)を外転(がいてん)させる。また細かいコントロールには、足部を内反(ないはん)・外反(がいはん)させる筋群もはたらく。

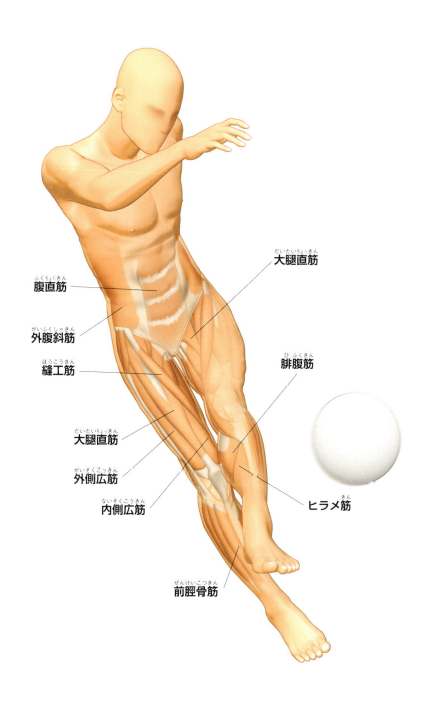

第8章 スポーツ中の筋肉の動き

145

第8章　スポーツ中の筋肉の動き

バスケットボール　―ジャンプする―

●動作と筋肉

　ジャンプの動作では、主に大殿筋と大腿四頭筋、下腿三頭筋がはたらき、股関節をまたがってつくハムストリングスも関わる。事前に軽くしゃがんで反動をつけると、伸張―短縮サイクルによる収縮力増強効果によって、より強いジャンプ動作が可能となる。

　ボールを上前方に持ち上げたり、ボールを投げたりするときは、三角筋前部や大胸筋、肩甲骨を挙上または上方回旋する僧帽筋上部などの筋肉、肘を伸展する上腕三頭筋がはたらく。

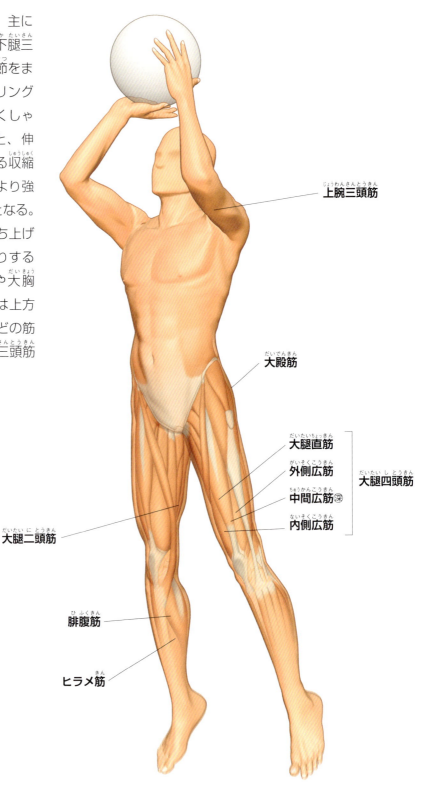

バレーボール —スパイクする—

●動作と筋肉

走る動作から両足をついて軽く沈み込むとき、大腿四頭筋がブレーキをかけるように強く収縮し、これが強力な反動動作となり高いジャンプが可能となる。ジャンプするときは、大殿筋、大腿四頭筋、下腿三頭筋、ハムストリングスが協調して強く収縮する。

ボールを打つ場合は、右外腹斜筋や左内腹斜筋などで体幹を左に回旋し、腹直筋などによって体幹をしなるように屈曲する。右上肢を大胸筋、三角筋前部などで後方から前方に振り、上腕三頭筋で肘を伸展していく。そして広背筋などによって上肢を前下方に振り下ろす。

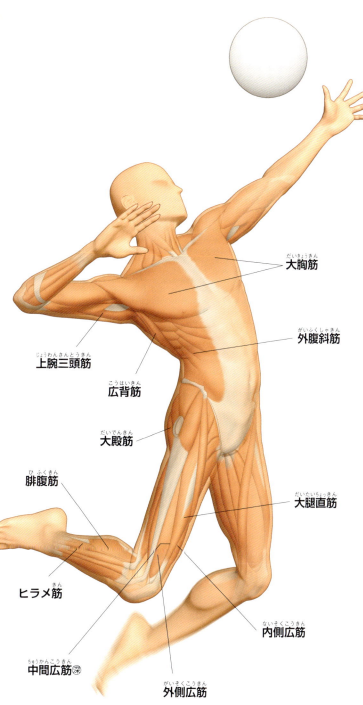

第8章 スポーツ中の筋肉の動き

第8章　スポーツ中の筋肉の動き

ゴルフ　―スイングする―

●動作と筋肉

　右利きの場合、バックスイングでは右内腹斜筋や左外腹斜筋が体幹を右に回旋し、三角筋後部や僧帽筋などがクラブを振り上げる。

　ダウンスイングでは、左内腹斜筋と右外腹斜筋が体幹を左に回旋し、左上腕三頭筋が左肘を伸展、左三角筋後部などによってクラブを振り下ろす。このとき右上肢は、左上肢の動きに対してやや受動的に動く。

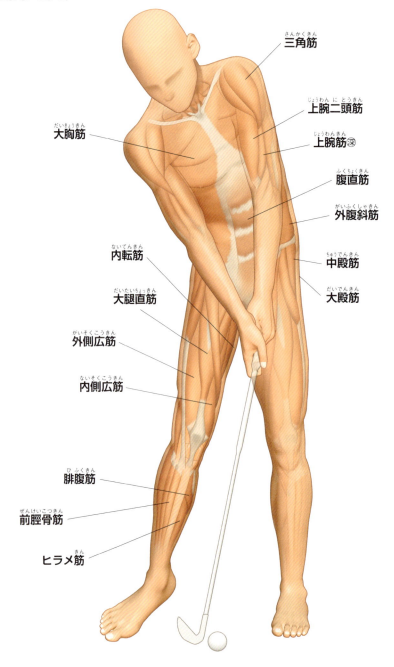

●動作と筋肉

インパクトの瞬間のヘッドスピードと向きが飛距離やその方向を決定づける。このとき、三角筋後部、上腕三頭筋のほか、僧帽筋や広背筋が関わる。

ヘッドの向きは、尺側手根屈筋、橈側手根屈筋、尺側手根伸筋、長橈側手根伸筋、短橈側手根伸筋、長掌筋など手関節の動きに関わる筋群が調整する。また体幹を保持する腹筋群や背筋群のはたらきも重要である。

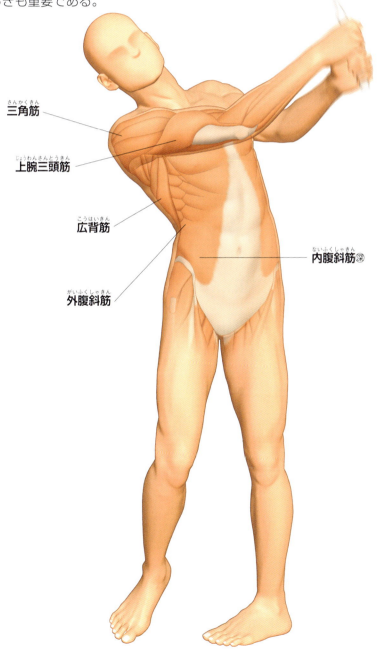

三角筋
上腕三頭筋
広背筋
内腹斜筋(深)
外腹斜筋

第8章 スポーツ中の筋肉の動き

テニス —ラケットをふる—

●動作と筋肉

　野球の投球動作やバッティング動作と同様、強いストロークの源は大殿筋および下肢筋群による骨盤の回旋であり、このエネルギーが体幹から上肢へ伝達される。フォアハンドストロークの場合、上肢は、三角筋前部や大胸筋、上腕二頭筋などによって後方から前方へと振り出される。このとき体幹は、右利きの場合、左内腹斜筋と右外腹斜筋などによって左に回旋する。

　バックハンドストロークでは、上肢は水平屈曲位から三角筋後部、僧帽筋、広背筋、上腕三頭筋などによって水平伸展する。スイングにあわせて体幹は、右利きの場合、右内腹斜筋と左外腹斜筋などによって右に回旋する。

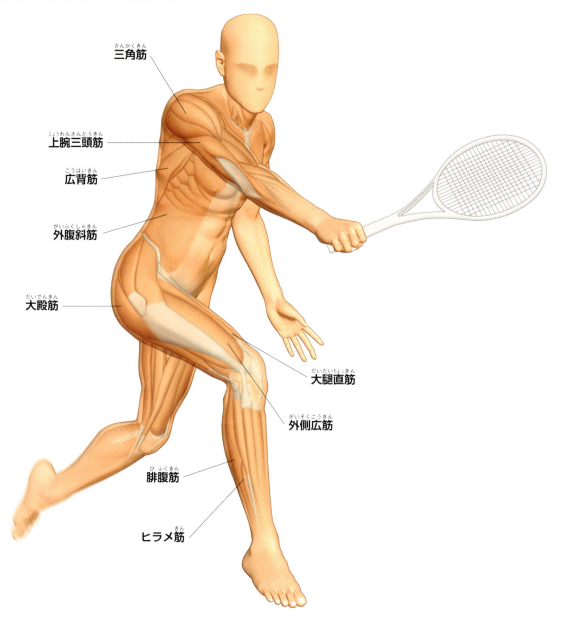

150

卓球 —ラケットをふる—

●動作と筋肉

フォアハンドの場合、右利きではテイクバックで右足に体重がかかり、内転筋群や大殿筋、腓腹筋・ヒラメ筋がはたらく。フォロースルーで骨盤を回旋させながら左足に体重を移動させ、その場合、左足の前脛骨筋もはたらく。下肢筋と大殿筋による骨盤の回旋力は、左内腹斜筋と右外腹斜筋、腹直筋などを介して肩、さらに上肢へと伝えられる。

スマッシュのときは、テイクバックで上肢の上腕二頭筋や上腕三頭筋などが、フォロースルーで大胸筋や広背筋がはたらく。

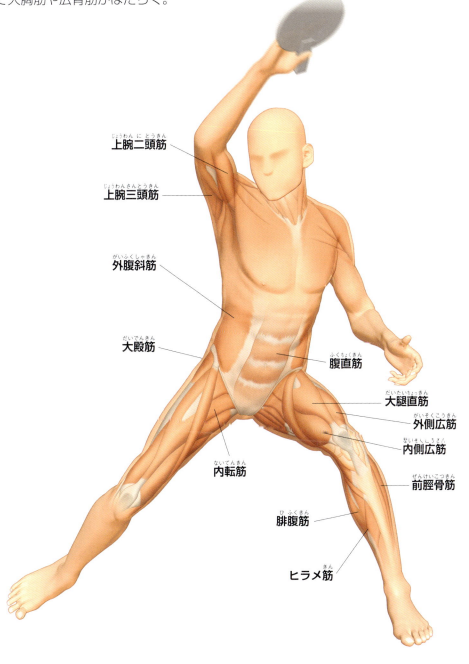

第8章 スポーツ中の筋肉の動き

第8章　スポーツ中の筋肉の動き

水泳　―クロール―

●動作と筋肉

　進行方向前方に入水した手で水をかいていくときは、主に広背筋がはたらく。肘は始めは上腕二頭筋で屈曲しながら、後半は上腕三頭筋で伸展しながら水をかく。水から出した上肢は、主に三角筋が上腕を、僧帽筋や前鋸筋が肩甲骨を動かして前方へと回していく。

　クロールのキックは、主に股関節を動かす。よって主にはたらくのは、股関節を屈曲する腸腰筋（大腰筋、腸骨筋）や大腿直筋、股関節を伸展する大殿筋である。さらに下腿を打ち下ろすためにも大腿四頭筋がはたらく。膝や足関節を強く屈曲することはないため、ハムストリングスや前脛骨筋のはたらきは小さい。

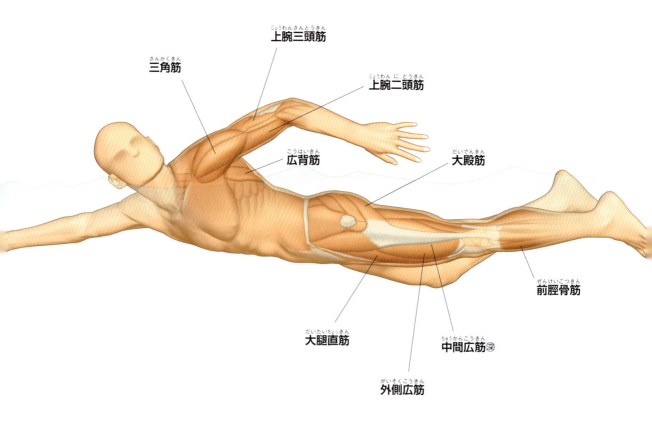

水泳 —平泳ぎ—

●動作と筋肉

腕のかきの場合、三角筋や僧帽筋、上腕三頭筋などによって進行方向前方に伸ばした上肢は、広背筋、三角筋後部などによって引き寄せられる。上腕二頭筋によって肘を屈曲しながら水をかき、胸の部分で水を抱き込むようにかくときは大胸筋が強くはたらく。

足の蹴りは、膝を屈曲して足部を殿部に引き寄せるときは、主にハムストリングスがはたらき、同時に前脛骨筋が足関節を屈曲する。足底で水を押すときは、大殿筋、大腿四頭筋、下腿三頭筋が強くはたらく。また軽度外転位から水を挟んで両足をそろえるように内転するため、大内転筋、長内転筋、恥骨筋などの内転筋群のはたらきも重要。

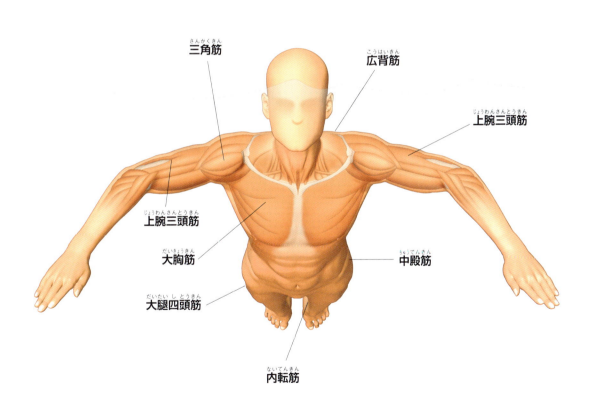

第8章 スポーツ中の筋肉の動き

ラン ―短距離走―

●動作と筋肉

着地するときは、大腿四頭筋、ハムストリングス、前脛骨筋、下腿三頭筋などが協力して関節を支え、着地の衝撃を吸収する。大殿筋によって股関節を伸展し、最後に大殿筋、大腿四頭筋、下腿三頭筋などによって地面を後方へ強く蹴る。体幹は腹筋群によってやや前傾に保つ。

後方に蹴り出した下肢は、腸腰筋（大腰筋、腸骨筋）や大腿四頭筋の大腿直筋が前方に引き寄せる。自然に屈曲した膝を大腿四頭筋によって伸展し、前方に振り出す。

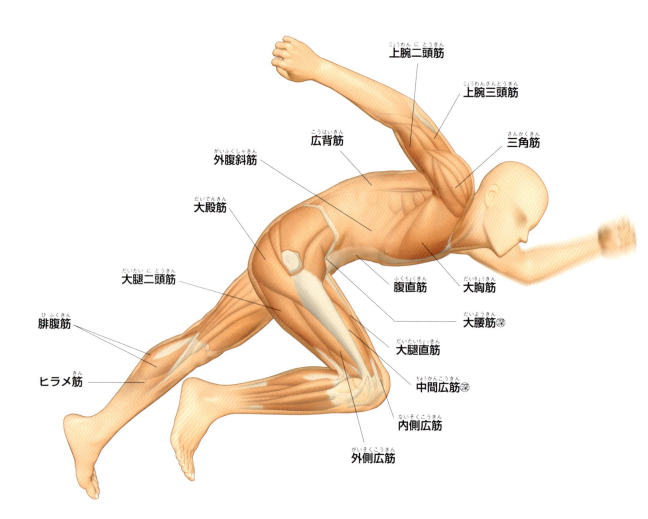

ラン —マラソン—

●動作と筋肉

　前方で着地した下肢で体重を支えるために下肢全体の筋がはたらく。続けて大殿筋、大腿四頭筋、下腿三頭筋などがはたらいて後方に蹴り出す。その下肢を前方に振り出すには、腸腰筋（大腰筋、腸骨筋）と腹直筋、大腿四頭筋がはたらき、前方で着地するときは前脛骨筋がつま先を持ち上げる。

　上肢は、上腕二頭筋によって肘を屈曲位に維持した状態で、三角筋、大胸筋、僧帽筋、広背筋のはたらきや体幹の回旋により、からだの両側でリズミカルに振る。

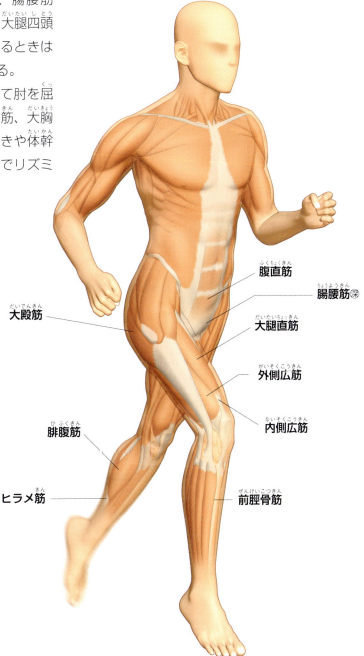

第8章 スポーツ中の筋肉の動き

スケート　―スピードスケート―

●動作と筋肉

　股関節と膝を屈曲した姿勢を保つために、大殿筋と大腿四頭筋、大腿二頭筋などがはたらく。下肢を後方外側に強く蹴り出すときは、これらに加えて中殿筋、梨状筋などの股関節外旋筋も強くはたらく。この間支持するほうの下肢は、大内転筋などの内転筋群で膝の方向をまっすぐに保ち、前脛骨筋で足関節を屈曲位に維持する。動作を通じ、下肢筋群は常にはたらいている。
　上体は、腹直筋や腸腰筋のはたらきで深く前傾し、同時に背筋群が体幹を支える。加速するとき上肢は、大胸筋、三角筋前部などによって前方内側に振り、三角筋後部や広背筋によって後方外側に振る。

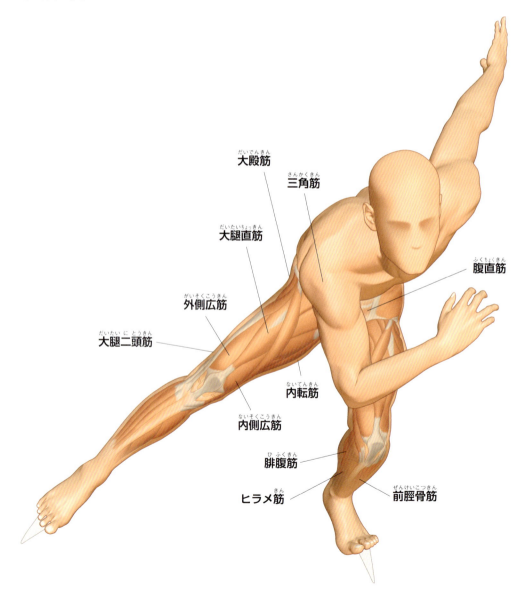

スキー —滑る—

●動作と筋肉

　股関節と膝を屈曲した姿勢を維持するために、大殿筋、大腿四頭筋、大腿二頭筋などがはたらき、膝の向きをまっすぐに保つために大内転筋や長内転筋などの内転筋群がはたらく。方向転換の際には、前述の筋群に加え、中殿筋や大腿筋膜張筋などがはたらく。下腿や足関節に関わる下腿三頭筋や前脛骨筋、長母趾伸筋などがスキー板をコントロールする。
　上肢では、腹直筋や腸腰筋がはたらき、同時に背筋群が体幹を支持する。大腿四頭筋は滑走中を通じて「ブレーキ」としてはたらくため（伸張性収縮）、遅発性筋痛を生じやすい。

第8章 スポーツ中の筋肉の動き

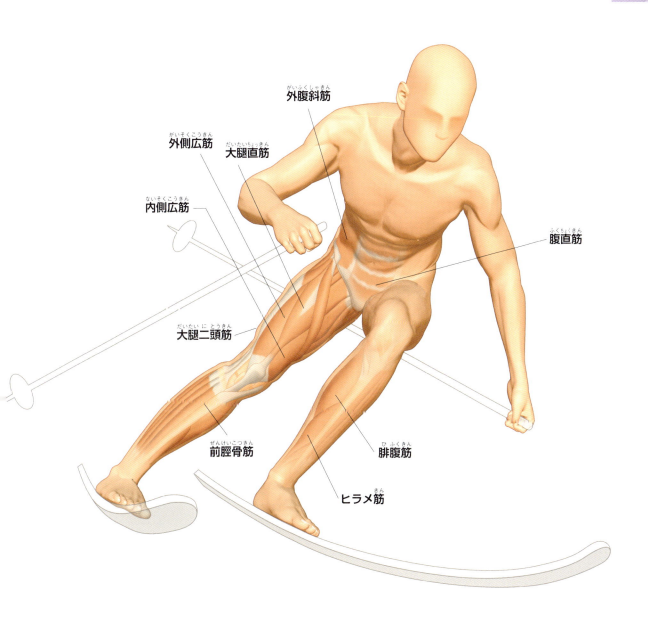

コラム

大腿部の筋トレで膝関節を守る

膝の痛みに悩まされている人は少なくない。膝関節は、常に体重の負荷がのしかかるうえ、ときには運動にともなって大きな衝撃が加わる関節だ。それなのにその構造は、脛骨の上に半月板を挟んで大腿骨が乗っかっていて、両サイドと中央が靱帯でつながれているだけと実に心許ない。たくさんの靱帯で骨どうしががっちり補強されている足関節と比べれば、そのゆるさは一目瞭然だ。とはいえ、衝撃を吸収しつつ柔軟に動くためには構造上の"遊び"も必要で、致し方ない。

膝関節の痛みの主な原因は、靱帯や軟骨、半月板の損傷や老化である。膝に長時間くり返し衝撃が加わる長距離走、瞬間的に大きな負荷がかかるテニスやバレーボール、サッカー、ラグビーなど、また関節が無理な方向にねじ曲げられることもある格闘技などのスポーツでは、膝のけがが選手生命を左右することもある。また加齢による軟骨などの劣化、悪い姿勢や肢位、筋力の低下などが相まって軟骨の損傷や骨の変形をきたし、ひどいO脚になったり、歩けないほどの痛みに悩まされることもある。

このような膝の悩みを予防・改善するためには、膝関節の運動に関わる大腿四頭筋、ハムストリングス、大腿筋膜張筋といった筋肉のトレーニングが必要である。これらの筋肉によって膝を支えることが大切なのだ。膝が痛くて歩けないと訴える高齢者でも、適切な筋トレによって膝の痛みが改善し、歩行できるようになるという報告もある。

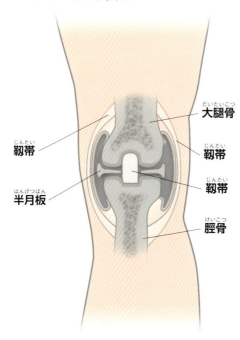

付　録

目的別トレーニングメニュー

付録　目的別トレーニングメニュー

トレーニングを始める前に

　筋力トレーニングは、スポーツの上達や生活習慣病の予防、ストレス解消など心身に多くの利益をもたらすことがわかっている。筋肉がもりあがったたくましいからだを手に入れたい人はもとより、従来、軽い有酸素運動が推奨されていた中高年者でも、健康の維持増進のためには適度な筋トレが必要と言われるようになった。

　では、正しい筋トレとは何か。それは、けがや障害を起こすことなく安全で、かつ目的・目標を効果的に達成できるトレーニングのことである。正しい筋トレを行うには、「トレーニングの3つの原理」と「トレーニングの5つの原則」にのっとり、その人の基礎体力や年齢、性別、トレーニングの目的・目標にあったプログラムを組み立てることが大切である。

＜トレーニングの3つの原理＞

オーバーロード
(過負荷)

日常生活より大きな負荷をかけなければ
トレーニング効果はない

特異性

筋肉は負荷がかかった部位が
特異的に発達する

可塑性

トレーニングをやめれば
体力は元に戻る

付録　目的別トレーニングメニュー

＜トレーニングの5つの原則＞

意識性

トレーニングの目的や方法を理解し、
しっかりと意識して行うことで
効率的かつ安全に行うことができる

個別性

トレーニングの内容は、その目的や
その人の体力、技術、年齢などにあっ
たものでなければばらない

斬新性

トレーニングの負荷を
徐々に上げると
体力が向上していく

全面性

たとえば、速く走ることを目的と
したトレーニングでも、下肢の筋肉
だけを鍛えるのではなく、体幹や上
肢の筋力、酸素摂取力なども総合
的に鍛える必要がある

反復性

トレーニングは適度な頻度で
継続していく

トレーニングを始めよう

　トレーニングの3つの原理と5つの原則をふまえて、トレーニングを始めてみよう。
　次のページから「本格的に筋肉を鍛えたい人」「体力増進目的の人」「ダイエットを目指す
女性」「高齢者」のそれぞれに向けたトレーニングメニューを紹介している。トレーニング
の際は、無理をしないで必ず自分の筋肉と相談をしながら行う。無理をすると筋肉を傷める
ことにつながるので注意すること。

付録　目的別トレーニングメニュー

本格的に筋肉を鍛えたい人向け

負荷の大きいトレーニングで、大きな筋肉をまんべんなくしっかり鍛えます。

①スクワット p.119
（主に下肢の筋肉を鍛える）

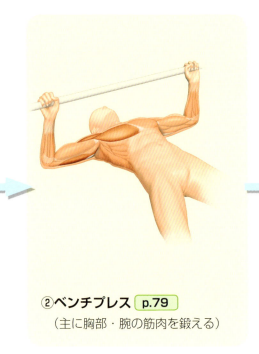

②ベンチプレス p.79
（主に胸部・腕の筋肉を鍛える）

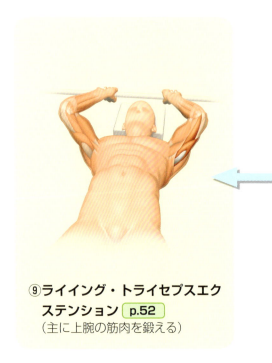

⑨ライイング・トライセプスエクステンション p.52
（主に上腕の筋肉を鍛える）

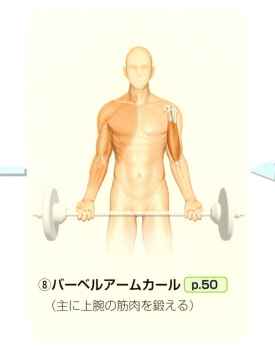

⑧バーベルアームカール p.50
（主に上腕の筋肉を鍛える）

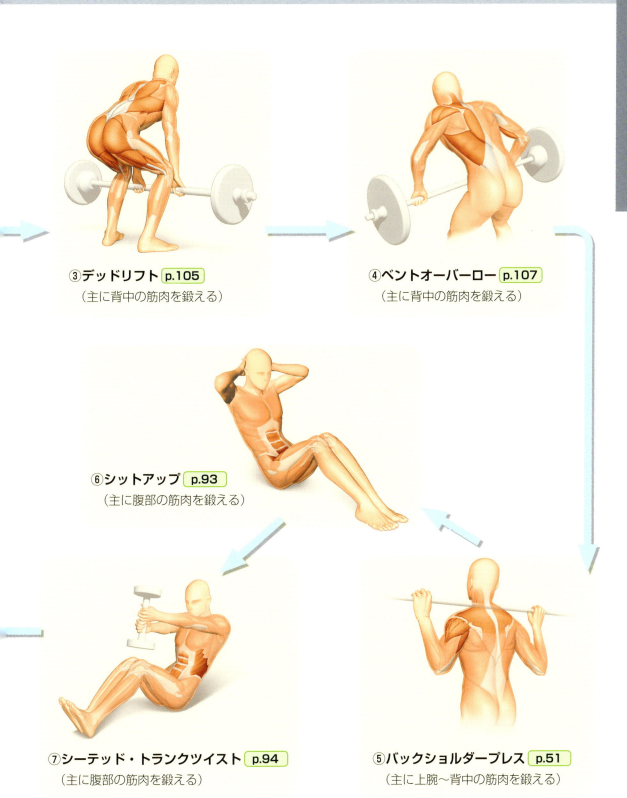

③デッドリフト p.105
（主に背中の筋肉を鍛える）

④ベントオーバーロー p.107
（主に背中の筋肉を鍛える）

⑥シットアップ p.93
（主に腹部の筋肉を鍛える）

⑦シーテッド・トランクツイスト p.94
（主に腹部の筋肉を鍛える）

⑤バックショルダープレス p.51
（主に上腕～背中の筋肉を鍛える）

付録　目的別トレーニングメニュー

体力増進目的の人向け

からだに負荷がかかりすぎないトレーニングを無理なく繰り返すことで、体力を増進させます。

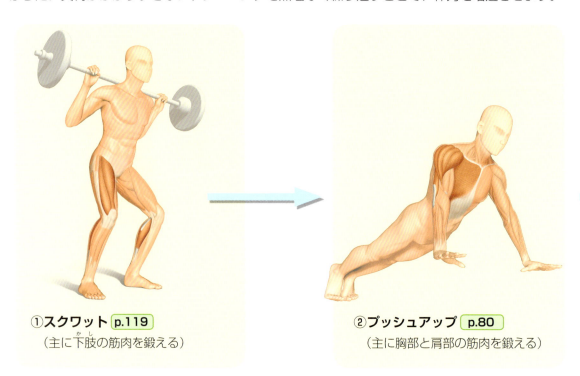

①**スクワット** p.119
（主に下肢の筋肉を鍛える）

②**プッシュアップ** p.80
（主に胸部と肩部の筋肉を鍛える）

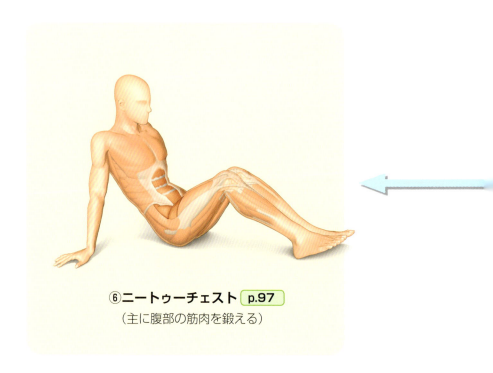

⑥**ニートゥーチェスト** p.97
（主に腹部の筋肉を鍛える）

付録 目的別トレーニングメニュー

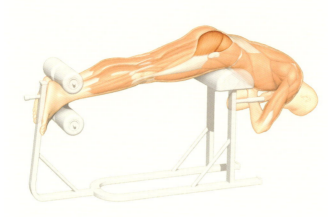

③バックエクステンション・
スパインストレートスタイル p.108
（主に背部の筋肉を鍛える）

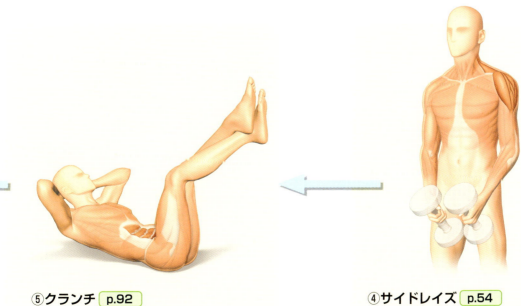

⑤クランチ p.92
（主に腹部の筋肉を鍛える）

④サイドレイズ p.54
（主に背部と肩部の筋肉を鍛える）

165

付録　目的別トレーニングメニュー
ダイエットを目指す女性向け

大きな筋肉が多く集まる下肢を中心に筋肉を鍛えます。ダイエット効果が実感できます。

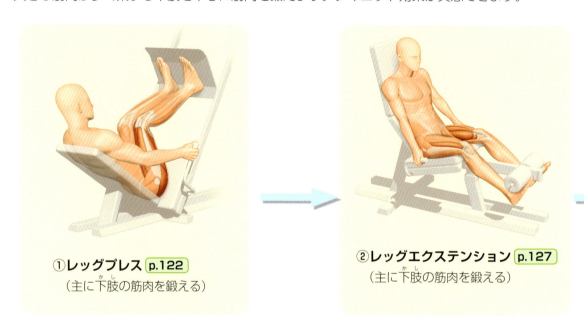

①**レッグプレス** p.122
（主に下肢の筋肉を鍛える）

②**レッグエクステンション** p.127
（主に下肢の筋肉を鍛える）

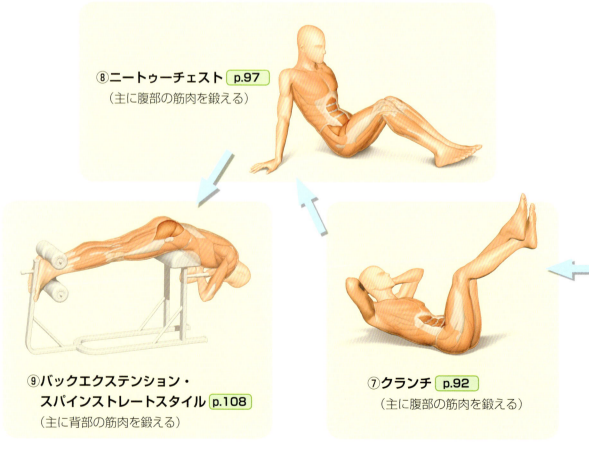

⑧**ニートゥーチェスト** p.97
（主に腹部の筋肉を鍛える）

⑨**バックエクステンション・スパインストレートスタイル** p.108
（主に背部の筋肉を鍛える）

⑦**クランチ** p.92
（主に腹部の筋肉を鍛える）

付録　目的別トレーニングメニュー

③ライイング・レッグカール p.128
（主に下肢の筋肉を鍛える）

④バックキック p.125
（主に下肢の筋肉を鍛える）

⑥トライセプスエクステンション
キックバック p.58
（主に肩・上肢の筋肉を鍛える）

⑤ペックデックフライ p.82
（主に胸部の筋肉を鍛える）

付録　目的別トレーニングメニュー

高齢者向け

下肢を中心にした軽めのトレーニングです。足腰が鍛えられ、腰痛・転倒予防にも役立ちます。

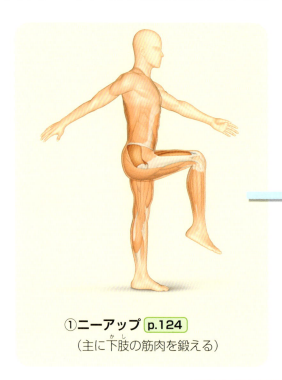

①ニーアップ p.124
（主に下肢の筋肉を鍛える）

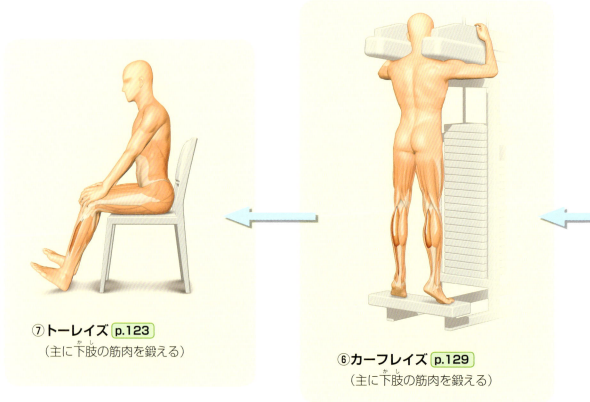

⑦トーレイズ p.123
（主に下肢の筋肉を鍛える）

⑥カーフレイズ p.129
（主に下肢の筋肉を鍛える）

付録　目的別トレーニングメニュー

②スクワット p.119
（主に下肢の筋肉を鍛える）

③スプリットスクワット p.120
（主に下肢の筋肉を鍛える）

⑤バックキック p.125
（主に下肢の筋肉を鍛える）

④ニートゥーチェスト p.97
（主に腹部の筋肉を鍛える）

169

トレーニング索引

【あ】

アダクション	Adduction	126
インクライン・ダンベルフライ	Incline Dumbbell Fly	83
インクライン・レッグレイズ	Incline Leg Raise	96
インターナル・ローテーション	Internal Rotation	59
エクスターナル・ローテーション	External Rotation	60

【か】

カーフレイズ	Calf Raise	129
クランチ	Crunch	92
ケーブルクロスオーバー	Cable Crossover	84

【さ】

サイドブリッジ	Side Bridge	39
サイドベンド	Side Bend	95
サイドレイズ	Side Raise	54
シーテッド・トランクツイスト	Seated Trunk Twist	94
シットアップ	Sit Up	93
ショルダーシュラッグ	Shoulder Shrug	56
スクワット	Squat	119
スタンディング・トライセプスエクステンション	Standing Triceps Extension	57
スプリットスクワット	Split Squat	120

【た】

ダンベルフライ	Dumbbell Fly	81
チンニング	Chinning	106
デッドリフト	Deadlift	105
トーレイズ	Toe Raises	123
トライセプスエクステンションキックバック	Triceps Extension Kick Back	58

【な】

ニーアップ	Knee Up	124
ニートゥーチェスト	Knee to Chest	97

【は】

バーベルアームカール	Barbell Arm Curl	50
バックエクステンション・スパインストレートスタイル	Back Extension Spine Straight Style	108
バックキック	Back Kick	125
バックショルダープレス	Back Shoulder Press	51
フォワードランジ	Forward Lunge	121
プッシュアップ	Push Up	80
フロアープーリーロー	Floor Pulley Row	109
フロントブリッジ	Front Bridge	38
フロントレイズ	Front Raise	53
ペックデックフライ	Pec Deck Fly	82
ベンチプレス	Bench Press	79
ベントオーバーサイドレイズ	Bent Over Side Raise	55
ベントオーバーロー	Bent Over Row	107

【ら】

ライイング・トライセプスエクステンション	Lying Triceps Extension	52
ライイング・レッグカール	Lying Leg Curl	128
レッグエクステンション	Leg Extension	127
レッグプレス	Leg Press	122

170

筋肉名索引（和文）

太い数字は詳しい解説があるページです。

【か】

外側広筋 （がいそくこうきん）	vastus lateralis	ヴァスタス　ラテラリス	38, 39, 93, 96, 97, 108, 119, 120, 121, 122, 123, 125, 126, 127, 128, **133**
外腹斜筋 （がいふくしゃきん）	external oblique	イクスターナル　オブリーク	38, 39, **41**, 51, 55, 57, 80, 82, 92, 93, 94, 95, 96, 97, 107, 108, 119, 120, 121, 124, 126, 127, 128
棘下筋 （きょくかきん）	infraspinatus	インフラスパイネイタス	51, 55, 56, 57, 60, **74**, 94, 106, 107, 108, 109
棘筋 （きょくきん）	spinalis	スパイナリス	**43**
棘上筋 （きょくじょうきん）	supraspinatus	スープラスパイネイタス	60, **73**
肩甲下筋 （けんこうかきん）	subscapularis	サブスキャピュラリス	38, 52, 59, **72**, 79, 83
広背筋 （こうはいきん）	latissimus dorsi	ラティッスィマス　ドーサイ	51, 55, 56, 57, 59, 79, 83, 92, 94, 105, 106, 107, 108, 109, **110**, 128

【さ】

最長筋 （さいちょうきん）	longissimus	ロンジッシマス	**43**
三角筋 （さんかくきん）	deltoid	デルトイド	38, 50, 56, 57, 58, 59, **67**, 94, 106, 108
三角筋肩甲棘部 （さんかくきんけんこうきょくぶ）	spinal part of deltoid	スパイナル　パート　オブ　デルトイド	51, 55, **69**, 80, 107, 109
三角筋肩峰部（中央部） （さんかくきんけんぽうぶ（ちゅうおうぶ））	acrominal part of deltoid	アクロウミナル　パート　オブ　デルトイド	51, 53, 55, **70**, 80, 81, 84, 107, 109
三角筋鎖骨部 （さんかくきんさこつぶ）	clavicular part of deltoid	クラヴィキュラ　パート　オブ　デルトイド	51, 53, 54, 55, **68**, 79, 80, 81, 82, 83, 84, 109
小円筋 （しょうえんきん）	teres minor	ティーリーズ　マイナ	51, 55, 56, 57, 60, **75**, 94, 106, 107, 108, 109
上腕筋 （じょうわんきん）	brachialis	ブラキアリス	50, 52, 53, 54, 55, 57, 59, **62**, 81, 83, 84, 94, 106, 107, 109
上腕三頭筋 （じょうわんさんとうきん）	triceps brachii	トライセプス　ブラキアイ	38, 39, 51, 53, 54, 55, 56, 60, **64**, 80, 81, 84, 94, 108
上腕二頭筋外側頭 （じょうわんさんとうきんがいそくとう）	triceps brachii, lateral head	トライセプス　ブラキアイ　ラテラル　ヘッド	57, 58, **65**, 106, 107
上腕二頭筋 （じょうわんにとうきん）	biceps brachii	バイセプス　ブラキアイ	38, 39, 51, 52, 53, 54, 55, 57, 58, 59, **61**, 79, 80, 81, 82, 83, 84, 94, 106, 107, 109
脊柱起立筋 （せきちゅうきりつきん）	erector spinae	エレクター　スパイン	38, 39, **42**, 105, 107, 108, 120
前脛骨筋 （ぜんけいこつきん）	tibialis anterior	ティビアリス　アンティアリア	119, 120, 121, 122, 123, 126, 127, 128, **138**
僧帽筋 （そうぼうきん）	trapezius	トラピーズィアス	51, 53, 54, 55, 56, 57, 81, 84, 94, 105, 107, 108, 109, **111**, 128
僧帽筋下行部（上部） （そうぼうきんかこうぶ（じょうぶ））	trapezius, descending part	トラピーズィアス　ディセンディング　パート	**71**, 106
僧帽筋上行部（下部） （そうぼうきんじょうこうぶ（かぶ））	trapezius, ascending part	トラピーズィアス　アセンディング　パート	106, **113**

171

僧帽筋水平部（中部）	trapezius, transverse part	トラピーズィアス　トランスヴァース　パート	106, **112**
【た】			
大胸筋	pectoralis major	ペクトラリス　メイジャ	38, 50, 53, 54, 55, 58, 59, 79, 80, 81, 82, 84, **85**, 92, 93, 94
大胸筋胸肋部・腹部	pectoralis major, sternocostal part pectoralis major, abdominal part	ペクトラリス　メイジャ　スターノコスタル　パート ペクトラリス　メイジャ　アブドミナル　パート	83, **87**
大胸筋鎖骨部	pectoralis major, clavicular part	ペクトラリス　メイジャ　クラヴィキュラ　パート	83, **86**
大腿四頭筋	quadriceps femoris	クアドリセプス　フェモリス	119, 124, **132**
大腿直筋	rectus femoris	レクタス　フェモリス	38, 39, 92, 93, 96, 97, 108, 119, 120, 121, 122, 123, 125, 126, 127, 128, **133**
大腿二頭筋	biceps femoris	バイセプス　フェモリス	105, 123, 125, **135**
大殿筋	gluteus maximus	グルーティアス　マクスィマス	93, 96, 97, 105, 108, 119, 120, 121, 122, 123, 124, 127, 128, **130**
大内転筋	adductor magnus	アダクタ　マグナス	121, 124, 126, **137**
大腰筋	psoas major	ソウアス　メイジャ	96, 97, **99**, 121, 124
短内転筋	adductor brevis	アダクタ　ブレヴィス	**137**
中間広筋	vastus intermedius	ヴァスタス　インターミーディアス	38, 39, 119, 120, 121, 122, 127, **133**
肘筋	anconeus	アンコウニーアス	55, 57, 58, **66**, 79, 80, 94, 106, 107, 109
中殿筋	gluteus medius	グルーティアス　ミーディアス	39, 93, 108, 119, 120, 121, 123, 124, 126, 127, 128, **131**
腸骨筋	iliacus muscle	イリアカス　マッスル	97, **100**, 124
長内転筋	adductor longus	アダクタ　ロンガス	126, 127, **137**
腸肋筋	iliocostalis	イリオコスタリス	**43**
【な】			
内側広筋	vastus medialis	ヴァスタス　ミーディアリス	39, 93, 97, 119, 120, 121, 122, 125, 126, 127, **133**
内転筋群	adductors	アダクタズ	**136**
内腹斜筋	internal oblique	インターナル　オブリーク	38, 39, **44**, 94, 95, 97, 124
【は】			
ハムストリングス	hamstrings	ハムストリングス	**134**
半腱様筋	semitendinosus	セミテンディノウサス	93, 121, 125, 128, 129, **135**
半膜様筋	semimembranosus	セミメンブラノウサス	93, 108, 121, 123, 125, 128, 129, **135**
腓腹筋	gastrocnemius	ガストロクニーミアス	121, 122, 123, 124, 126, 128, **139**
ヒラメ筋	soleus	ソウリアス	119, 120, 121, 122, 123, 124, 126, 127, 128, 129, **140**
腹直筋	rectus abdominis	レクタス　アブドミニス	38, 39, **40**, 80, 82, 92, 93, 94, 95, 96, 97, 124, 125, 126, 127
腹直筋下部	lower rectus abdominis	ロワー　レクタス　アブドミニス	**98**

【や】

| 腰方形筋 | quadratus lumborum | クアドラタス　ランボーラム | 95, **101**, 106 |

【わ】

| 腕橈骨筋 | brachioradialis | ブラキオレイディアリス | 50, 54, 55, 57, 58, 59, **63**, 80, 83, 106, 107, 109 |

筋肉名索引（欧文）

【A】

acrominal part of deltoid	アクロウミナル　パート　オブ　デルトイド	三角筋肩峰部（中央部）	51, 53, 55, **70**, 80, 81, 84, 107, 109
adductor brevis	アダクタ　ブレヴィス	短内転筋	**137**
adductor longus	アダクタ　ロンガス	長内転筋	126, 127, **137**
adductor magnus	アダクタ　マグナス	大内転筋	121, 124, 126, **137**
adductors	アダクタズ	内転筋群	**136**
anconeus	アンコウニーアス	肘筋	55, 57, 58, **66**, 79, 80, 94, 106, 107, 109

【B】

biceps brachii	バイセプス　ブラキアイ	上腕二頭筋	38, 39, 51, 52, 53, 54, 55, 57, 58, 59, **61**, 79, 80, 81, 82, 83, 84, 94, 106, 107, 109
biceps femoris	バイセプス　フェモリス	大腿二頭筋	105, 123, 125, **135**
brachialis	ブラキアリス	上腕筋	50, 52, 53, 54, 55, 57, 59, **62**, 81, 83, 84, 94, 106, 107, 109
brachioradialis	ブラキオレイディアリス	腕橈骨筋	50, 54, 55, 57, 58, 59, **63**, 80, 83, 106, 107, 109

【C・D・E・F】

clavicular part of deltoid	クラヴィキュフ　パート　オブ　デルトイド	三角筋鎖骨部	51, 53, 54, 55, **68**, 79, 80, 81, 82, 83, 84, 109
deltoid	デルトイド	三角筋	38, 50, 56, 57, 58, 59, **67**, 94, 106, 108
erector spinae	エレクター　スパイン	脊柱起立筋	38, 39, **42**, 105, 107, 108, 120
external oblique	イクスターナル　オブリーク	外腹斜筋	38, 39, **41**, 51, 55, 57, 00, 02, 02, 93, 94, 95, 96, 97, 107, 108, 119, 120, 121, 124, 126, 127, 128

【G・H】

gastrocnemius	ガストロクニーミアス	腓腹筋	121, 122, 123, 124, 126, 128, **139**
gluteus maximus	グルーティアス　マクスィマス	大殿筋	93, 96, 97, 105, 108, 119, 120, 121, 122, 123, 124, 125, 127, 128, **130**
gluteus medius	グルーティアス　ミーディアス	中殿筋	39, 93, 108, 119, 120, 121, 123, 124, 126, 127, 128, **131**
hamstrings	ハムストリングス	ハムストリングス	**134**

【I・J・K】

English	カナ	日本語	ページ
iliacus muscle	イリアカス　マッスル	腸骨筋	97, **100**, 124
iliocostalis	イリオコスタリス	腸肋筋	**43**
infraspinatus	インフラスパイネイタス	棘下筋	51, 55, 56, 57, 60, **74**, 94, 106, 107, 108, 109
internal oblique	インターナル　オブリーク	内腹斜筋	38, 39, **44**, 94, 95, 97, 124

【L・M・N・O】

English	カナ	日本語	ページ
latissimus dorsi	ラティッスィマス　ドーサイ	広背筋	51, 55, 56, 57, 59, 79, 83, 92, 94, 105, 106, 107, 108, 109, **110**, 128
longissimus	ロンジッシマス	最長筋	**43**
lower rectus abdominis	ロワー　レクタス　アブドミニス	腹直筋下部	**98**

【P】

English	カナ	日本語	ページ
pectoralis major	ペクトラリス　メイジャ	大胸筋	38, 50, 53, 54, 55, 58, 59, 79, 80, 81, 82, 84, **85**, 92, 93, 94
pectoralis major, abdominal part pectoralis major, sternocostal part	ペクトラリス　メイジャ　アブドミナル　パート ペクトラリス　メイジャ　スターノコスタル　パート	大胸筋胸肋部・腹部	83, **87**
pectoralis major, clavicular part	ペクトラリス　メイジャ　クラヴィキュラ　パート	大胸筋鎖骨部	83, **86**
psoas major	ソウアス　メイジャ	大腰筋	96, 97, **99**, 121, 124

【Q・R】

English	カナ	日本語	ページ
quadratus lumborum	クアドラタス　ランボーラム	腰方形筋	95, **101**, 106
quadriceps femoris	クアドリセプス　フェモリス	大腿四頭筋	119, 124, **132**
rectus abdominis	レクタス　アブドミニス	腹直筋	38, 39, **40**, 80, 82, 92, 93, 94, 95, 96, 97, 124, 125, 126, 127
rectus femoris	レクタス　フェモリス	大腿直筋	38, 39, 92, 93, 96, 97, 108, 119, 120, 121, 122, 123, 125, 126, 127, 128, **133**

【S】

English	カナ	日本語	ページ
semimembranosus	セミメンブラノウサス	半膜様筋	93, 108, 121, 123, 125, 128, 129, **135**
semitendinosus	セミテンディノウサス	半腱様筋	93, 121, 125, 128, 129, **135**
soleus	ソウリアス	ヒラメ筋	119, 120, 121, 122, 123, 124, 126, 127, 128, 129, **140**
spinal part of deltoid	スパイナル　パート　オブ　デルトイド	三角筋肩甲棘部	51, 55, **69**, 80, 107, 109
spinalis	スパイナリス	棘筋	**43**
subscapularis	サブスキャピュラリス	肩甲下筋	38, 52, 59, **72**, 79, 83
supraspinatus	スープラスパイネイタス	棘上筋	60, **73**

【T・U】

English	カナ	日本語	ページ
teres minor	ティーリーズ　マイナ	小円筋	51, 55, 56, 57, 60, **75**, 94, 106, 107, 108, 109
tibialis anterior	ティビアリス　アンティアリア	前脛骨筋	119, 120, 121, 122, 123, 126, 127, 128, **138**

174

trapezius	トラピーズィアス	僧帽筋	51, 53, 54, 55, 56, 57, 81, 84, 94, 105, 107, 108, 109, **111**, 128
trapezius, ascending part	トラピーズィアス　アセンディング　パート	僧帽筋上行部（下部）	106, **113**
trapezius, descending part	トラピーズィアス　ディセンディング　パート	僧帽筋下行部（上部）	**71**, 106
trapezius, transverse part	トラピーズィアス　トランスヴァース　パート	僧帽筋水平部（中部）	106, **112**
triceps brachii	トライセプス　ブラキアイ	上腕三頭筋	38, 39, 51, 53, 54, 55, 56, 60, **64**, 80, 81, 84, 94, 108
triceps brachii, lateral head	トライセプス　ブラキアイ　ラテラル　ヘッド	上腕三頭筋外側頭	57, 58, **65**, 106, 107
【V・W・X・Y・Z】			
vastus intermedius	ヴァスタス　インターミーディアス	中間広筋	38, 39, 119, 120, 121, 122, 127, **133**
vastus lateralis	ヴァスタス　ラテラリス	外側広筋	38, 39, 93, 96, 97, 108, 119, 120, 121, 122, 123, 125, 126, 127, 128, **133**
vastus medialis	ヴァスタス　ミーディアリス	内側広筋	39, 93, 97, 119, 120, 121, 122, 125, 126, 127, **133**

参考文献

『あたらしい人体解剖学アトラス』
　パトリック・W・タンク、トーマス・R・ゲスト著、佐藤達夫訳、2009（メディカル・サイエンス・インターナショナル）
『アトラス解剖学 人体の構造と機能 第2版』
　E. リューティエン・ドレコール、J.W. ローエン著、井上貴央他訳、2002（西村書店）
『石井直方の筋肉まるわかり大事典』
　石井直方、2008（ベースボール・マガジン社）
『美しいボディラインをつくる 女性の筋力トレーニング解剖学』
　フレデリック・ドラヴィエ著、関口脩監訳、2005（大修館書店）
『運動解剖学で図解する　筋力トレーニング パーフェクトマニュアル— CG で再現する筋肉メカニズムのすべて—』
　パット・マノッキア著、中村千秋監訳、宮崎俊太郎翻訳、2012（悠書館）
『解剖学 第1巻 第11版』
　森於菟、小川鼎三、大内弘、森富、村上宅郎著、2011（金原出版）
『解剖学カラーアトラス 第8版』
　J.W.Rohen、横地千仭、E. Lütjen-Drecoll 共著、2007（医学書院）
『解剖学講義　改訂3版』
　伊藤隆著、高野廣子改訳、2012（南山堂）
『グレイ解剖学 原著第3版』
　Richard L.Drake，A.Wayne Vogl,Adam W.M.Mitchell 著 、塩田浩平、秋田恵一監修・監訳、2016（エルゼビア・ジャパン）
『ゴルフ解剖学』
　クレイグ・デイビス、ヴィンス・ディサイア共著、川上泰雄、武田淳也監修・翻訳、2012（ベースボール・マガジン社）
『人体解剖カラーアトラス 原書第6版』
　Peter H.Abrahams,Johannes M.Boon,Jonathan D.Spratt 著、佐藤達夫訳、2010（南光堂）
『ランニング解剖学』
　イアン・マクロード著、下山好充翻訳、2010（ベ スポール・ マガジン社）
『ぜんぶわかる骨の名前としくみ事典』
　山田敬喜、肥田岳彦監修、2013（成美堂出版）
『ぜんぶわかる筋肉の名前としくみ事典』
　肥田岳彦、山田敬喜監修、2013（成美堂出版）
『二関節筋　運動制御とリハビリテーション』
　奈良勲監修、2008（医学書院）
『標準理学療法学・作業療法学 専門基礎分野 解剖学 第4版』
　野村嶬編集、2015（医学書院）
『プロメテウス解剖学アトラス 解剖学総論 / 運動器系』
　坂井建雄、松村讓兒監訳、2016（医学書院）
『プロメテウス解剖学アトラス 頸部 / 胸部 / 腹部・骨盤部』
　坂井建雄、大谷修監訳、2008（医学書院）
『プロメテウス解剖学アトラス 頭部 / 神経解剖』
　坂井建雄、河田光博監訳、2009（医学書院）
『目でみる筋力トレーニングの解剖学　ひと目でわかる強化部位と筋名』
　フレデリック・ドラヴィエ著、白木仁監訳、今井純子訳、2012（大修館書店）
『ランニング解剖学』
　ジョー・プレオ著、パトリック・ミルロイ著、鳥居俊訳、2010（ベースボール・マガジン社）

【監　修】
石井直方(いしい・なおかた)　理学博士
東京大学 大学院総合文化研究科 教授

肥田岳彦(ひだ・たけひこ)　医学博士
豊橋創造大学 保健医療学部 理学療法学科 教授
豊橋創造大学 大学院 健康科学研究科 教授

【執筆・協力】
鈴木泰子(すずき・やすこ)
助産師・医療ライター

【イラストレーション制作】
(有)メディカル愛(野林賢太郎、安藤富士夫、多田桂子、野倉茂)

編集制作・本文デザイン──株式会社エディット
DTP・本文デザイン──株式会社千里
校正──株式会社エディット、くすのき舎
企画・編集──成美堂出版編集部(駒見宗唯直)

筋トレのための人体解剖図

監　修　石井直方　肥田岳彦
発行者　深見公子
発行所　成美堂出版
　　　　〒162-8445　東京都新宿区新小川町1-7
　　　　電話(03)5206-8151 FAX(03)5206-8159
印　刷　広研印刷株式会社
©SEIBIDO SHUPPAN 2018　PRINTED IN JAPAN
ISBN978-4-415-31437-2
落丁・乱丁などの不良本はお取り替えします
定価はカバーに表示してあります

● 本書および本書の付属物を無断で複写、複製(コピー)、引用する
　ことは著作権法上での例外を除き禁じられています。また代行業者
　等の第三者に依頼してスキャンやデジタル化することは、たとえ個人
　や家庭内の利用であっても一切認められておりません。